Das Kurische Haff bei Nidden: Landschaft zum Träumen

nen, Gumbinnen, Gerdauen, Preußisch-Eylau, Pillau. Das Ostseebad Rauschen, das Haff, die Kurische Nehrung, über die Wilhelm von Humboldt schrieb: »Man muß sie gesehen haben, wenn einem nicht ein wunderbares Bild in der Seele fehlen soll.«

Unglaubliche Bilder, unwahrscheinliche Eindrücke, unfaßbare Nostalgie. Das nördliche Ostpreußen ist ein Reservat der Träume, ein ramponiertes Freilichtmuseum, ein Land, das immer noch unter dem »bestirnten Himmel« liegt, den der Philosoph Immanuel Kant so sehr liebte, daß er seine Heimatstadt Königsberg und seinen »Lieblingsaufenthalt«, das Forsthaus Moditten, bis zum Ende seines Lebens nicht verließ. Die Zeit erscheint hier wie in Mottenkugeln aufbewahrt. Das hat etwas Bezauberndes, darüber liegt eine

versöhnende Patina, da ist vieles betörend schlichte Schönheit. Die Fahrt nach Ostpreußen läuft hinaus auf eine »Reise durch ein melancholisches Land«, wie der Schriftsteller Ralph Giordano schrieb.

Sie ist aber auch eine Tour zum Erschrecken. Denn obwohl die deutschen Dachziegel noch zu sehen sind, stecken viele von ihnen in maroden Häusern, die in verwahrlosten Dörfern und kleinen Städten stehen, überzogen vom Firnis, den die Sowjetmacht vier Jahrzehnte darübergezogen hat. Darunter ist vieles kaputt, hat manches nur als skelettierter Abdruck im Stein überdauert. Das Russische fällt ins Auge, die überall angebrachten silbermetallischen Sterne, die buddhahaften Soldatenstatuen und die Lenindenkmäler, immer noch und befremdlich genug, auf den kleinen

Marktplätzen, und die ebenso statisch wirkenden Babuschki, die Großmütter, alle mit Kopftüchern, Kittelschürzen und zerfurchten Gesichtern. Sie sind immer freundlich, lächeln, grüßen und wollen gegrüßt sein, doch ein Gespräch kommt nur schwer in Gang, kann es doch meist nur nach der Choreographie von Gestik und Mimik geführt werden, und dabei bleibt vieles ungesagt.

Für annähernd ein halbes Jahrhundert vegetierte das Land als geschichtlich mumifizierte Region dahin, verlassen von den Menschen, die es kultiviert hatten, bevölkert von Neuangekommenen, die zum Großteil keinerlei Beziehung zu Ostpreußen hatten und zudem hinnehmen mußten, daß die Sieger des Krieges das Land leerplünderten. Fabriken wurden abmontiert, Gleisanlagen abtransportiert, selbst Ziegelsteine verschwanden im Inneren Rußlands. Das aberwitzige Ausmaß des Raubes und die Folgen des Verfalls sind nicht immer sofort auszumachen, denn gnädige Vegetation deckt den Häusern die Wunden zu, im Frühjahr hängt Fliederduft über den Dörfern. Darunter aber leidet die geschändete Geschichte, ächzen ihre Hinterlassenschaften bei jedem Sturm. Auch beim (zeitweisen) Ansturm der Rückkehrer, die auf der Suche sind nach ihren Wurzeln. Viele von ihnen stehen ungläubig vor den Beschädigungen ihres Heimatortes, und manche schon baten den Taxifahrer, nur wenige Kilometer vom Ort der Kindheit entfernt, er solle wenden. So nahe davor, so weit weg von damals, wollten sie das Bild der Kindheit nicht auch noch beschädigen.

Die Menschen, die heute im nördlichen Ostpreußen leben, wurden unsanft aus dem Schlaf der Geschichte gerissen.

Dornröschen ist heftig wachgerüttelt worden; daß ihr die Orientierung noch schwer fällt, ist verständlich. Schwer ist allein schon die Bewältigung des Alltags. Schon heute sind die Preise höher, die Einkommen niedriger als im russischen Adoptivmutterland. Die Arbeitslosenrate liegt offiziell bei elf Prozent, ist aber in der Realität mindestens dreimal so hoch. Zwei Drittel der Bevölkerung leben an der Armutsgrenze von 150 000 Rubel im Monat. Ein Universitätsprofessor verdient allenfalls das Dreifache. Ein pensionierter Oberst kann von seiner Rente nicht leben und von Glück reden, wenn er einen Pförtnerjob ergattert. Soldaten, Anfang vierzig, werden nach ihrer Entlassung aus dem Militärdienst nicht als Arbeitssuchende, sondern als Rentner registriert. Um leben, überleben zu können, müssen überwiegend gut ausgebildete, aber auf keine Arbeitsstelle mehr hoffende Einwohner der Region ins kalte Wasser des freien Unternehmertums springen und sich als Taxifahrer, Dolmetscher oder touristische Kleinunternehmer verdingen, in der eigenen Wohnung eine Pension aufmachen, in einem der Ostseebäder ein Strandlokal renovieren, als Händler auf der Straße stehen oder sich, wenn sie nichts zu verkaufen haben, als Alleinunterhalter darbieten. Die neue Zeit hat aber auch eine besondere Spezies hervorgebracht, die stoppelbärtigen *Bisinessmeni*, die vor allem den Straßen- und Souvenirhandel bandenmäßig organisiert be-

MARCO ⊕ POLO
KÖNIGSBERG
OSTPREUSSEN

Reisen mit
Insider-Tips
*Diese Tips sind die ganz speziellen
Empfehlungen unserer Autoren.
Sie sind im Text gelb unterlegt.*

*Sechs Symbole sollen Ihnen
die Orientierung in diesem Führer erleichtern:*

für Marco Polo Tips – die besten in jeder Kategorie

für alle Objekte, bei denen Sie auch eine schöne Aussicht haben

für Plätze, wo Sie bestimmt viele Einheimische treffen

für Treffpunkte für junge Leute

(A 1)
*Koordinaten für die Übersichtskarten und den Stadtplan
(**O**) außerhalb des Stadtplans*

*Die Marco Polo Route in der Karte verbindet die schönsten
Punkte von Ostpreußen (Nord) zu einer Idealtour.*

*Diesen Führer schrieb Roland Mischke. Der Journalist
hat Königsberg und Ostpreußen mehrfach bereist und von dort
für deutsche Zeitungen berichtet.*

*Die Marco Polo Reihe wird herausgegeben
von Ferdinand Ranft.*

MAIRS GEOGRAPHISCHER VERLAG

MARCO ⊕ POLO

Für Ihre nächste Reise gibt es folgende Titel dieser Reihe:

Die Marco Polo Redaktion freut sich, wenn Sie ihr schreiben:
Marco Polo Redaktion, Mairs Geographischer Verlag
Postfach 31 51, D-73751 Ostfildern

Unsere Autoren haben nach bestem Wissen recherchiert. Trotzdem schleichen sich manchmal Fehler ein, für die der Verlag keine Haftung übernehmen kann.

Titelbild: Domruine Königsberg (Freyer)
Fotos: Autor (50, 53, 62, 74); Freyer (19, 26, 46); Lade: Truöl (59); Mauritius: Backhaus (67), Dobrev (54), fm (83); K. U. Müller (10, 16, 23, 40, 42, 77); Schapowalow: Backhaus (38, 64), Cora (24), Huber (7), Sperber (30); Schuster: Backhaus (4, 32), Scholz (56, 70)

1. Auflage 1997 © Mairs Geographischer Verlag, Ostfildern
Lektorat: Cornelia Sahling
Gestaltung: Thienhaus/Wippermann (Büro Hamburg)
Kartographie: Mairs Geographischer Verlag
Sprachführer: in Zusammenarbeit mit dem Ernst Klett Verlag für Wissen und Bildung GmbH,
Redaktion PONS Wörterbücher.

Printed in Germany
Gedruckt auf 100% chlorfrei gebleichtem Papier

INHALT

Entdecken Sie Königsberg und Ostpreußen!

Das Dornröschenland, stürmisch wachgeküßt,
fordert seine Geschichte zurück

Das Rad der Geschichte ist zurückgedreht, die Zeit steht still. Willkommen in der Vergangenheit, im nördlichen Teil Ostpreußens, in einer Welt zwischen Gestern und Heute, zwischen Erinnerung und Gegenwart. Sie ist voller Zeichen, nicht nur kyrillischer. Die Schriftzeichen der russischen Sprache fallen nur deshalb ins Auge, weil sie nach Behördenerlaß an Hotels, Geschäften und anderen Einrichtungen um zwei Drittel größer sein müssen als die lateinischen Buchstaben. Aber letztere gibt es auch, teilweise sogar in vertrauter Sprache. Sie verweisen auf die deutsche Vergangenheit dieses Gebiets, das halb so groß ist wie Belgien und von einer knappen Million Menschen bevölkert wird. Sie stammen aus allen Ländern der ehemaligen Sowjetunion, die Region ist Schmelztiegel für Angehörige aus über 40

Auf der Kurischen Nehrung fühlt man sich mancherorts in längst vergangene Zeiten zurückversetzt

Nationen. Viele Menschen wurden nach den Wirren des Zweiten Weltkriegs gezielt im letzten Außenposten des sowjetischen Imperiums angesiedelt. Seitdem bilden sie eine multikulturelle Gesellschaft, die ganz selbstverständlich offen ist für ein neues, ein altes Element – das deutsche.

Auf den Wiesen waten Störche, in der Luft kreisen Milane, am Wegesrand mampfen Ochsen. Auf Telegrafenstangen und alten Wassertürmen brüten Störche, sanfte Hügel wechseln mit mystisch dunklen Kiefernwäldern. Verschlafene, pflanzenüberwucherte Landbahnhöfe, Wasserkräne mit deutschem Fabrikschild, Bewirtschafter von Schrebergärten, die zwischen Phlox und hochaufgeschossener Goldrute, zwischen Stockrosen, Stangenbohnen, Tomaten und Kräuterbeet über die Zäune hinweg die Fremden mustern. Selbstversorger, die privilegiert sind. Wiesen voller Blumen, Kratzbeere und Klappertopf, Wicken und Weidenröschen, Pastorentäschel und Platterbse. Lupinen dicht an dicht, Pusteblumen ohne Ende, und überall stehen Birken, Buchen, Linden, Ulmen und Eichen.

Feldwege mit großen Pfützen, in denen sich die Wolken spiegeln. Wenn die Viehherde über die Chaussee getrieben wird, stockt der Verkehr. Frauen mit Kitteln und Kopftüchern, in den Händen Stöcke, die Gummistiefel lehmverschmiert, treiben die Kühe in den Stall. Am Hang hütet ein knorriger Schäfer seine wollenen, blökenden Vierbeiner. Die Alleen sind kilometerweit schwarzgrüne Tunnel, die Wege erdig rot. Fahrzeuge tauchen nur hin und wieder auf, fast nie im Konvoi. Im Dorf, ein typischer Fall, gibt es zwei schloßartige Herrenhäuser, inzwischen von mehreren Familien bewohnt. Der Rest sind Backsteinhäuser, an die Ställe geklemmt, Katen, ein verfallender Gutshof, über den Federvieh zetert, und eine Kirchenruine, durch die Katzen und Kinder streunen. Auf Staketenzäune sind Arbeitsschuhe zum Trocknen gestülpt. Gänse watscheln über die löchrigen Straßen, auf den Höfen picken Hühner nach Körnern, suhlen sich Schweine im Dreck und steht eine Bäuerin unterm prallvollen Apfelbaum und schüttelt für die Kinder die Früchte in ihre Schürze. Das Theaterstück heißt Alte Heimat und wird ausschließlich von Russen inszeniert. Das Bühnenbild ist treudeutsch: Da ist der 200 Jahre alte Wasserturm, fest gegründet, als sei er für die Ewigkeit gebaut; dahinter gibt es eine Mühle, eine Brücke über einen plätschernden Bach; danach erstrecken sich Wiesen, soweit das Auge reicht.

Die Reise über die Dörfer Nordostpreußens gleicht der Fahrt mit einer Zeitmaschine. Chronische Mangelwirtschaft und die Lethargie der russischen Landbevölkerung haben dazu geführt, daß ein Großteil der ehemals deutschen Höfe und Bauernhäuser immer noch so aussieht wie vor dem Zweiten Weltkrieg. Das ganze Land verbreitet den Eindruck tiefer Verlassenheit. Es ist ruhig, abgeschnitten von den Strömungen der Zeit, wie entrückt von der Welt, das Reservat eines scharfen Tabus, eines Vergessensgebots, das über diese Region ausgesprochen wurde. Ein Land, das lange Zeit nicht einmal mehr auf Karten existierte, und in der Wirklichkeit nur vor sich hindämmerte. Dornröschenland, 1991 vom stürmischen Kuß der Weltenwende erwacht. Denn der Zusammenbruch des kommunistischen Imperiums hatte bekanntlich die Neuordnung Europas und dann auch der Welt zur Folge. Die Kaliningradskaja Oblast, wie die Region offiziell heißt, gehört seitdem zur Welt. Ein Land ist auf die Landkarten zurückgekehrt, eine Vergangenheit meldet sich wieder.

Wer wissen will, wie Deutschland vor mehr als einem halben Jahrhundert ausgesehen hat, bekommt es im nördlichen Ostpreußen authentisch bis zum letzten Dachziegel vorgeführt. Bei der Fahrt durchs Land über holprige Straßen, kilometerweit von Laubdächern wie grünen Gewölben überspannt, tauchen Ortsnamen auf, die etwas rührend Anheimelndes und zugleich Gespenstisches haben: Palmnicken, Insterburg, Trakeh-

herrschen und auch beim Schmuggeln, in der Prostitution und bei der Bettelei ihre nicht immer gepflegten Hände im Spiel haben.

Der Beschädigung Königsbergs entkommt kein Zugereister, ist sie doch total. Die Stadt, die noch den Namen eines Staatsverbrechers trägt – Kalinin war unter Stalin formales Staatsoberhaupt der Sowjetunion und wurde nach Chruschtschows Enthüllungen über die Machenschaften der Diktatur zum Kriminellen erklärt –, war aus der Geschichte ausgetreten und sollte völlig neu entstehen. Von Königsberg ist weniger geblieben als von Pompeji, Krieg und Haß waren vernichtender als die Zerstörungen der Lava, die der Vesuv ausspie. Kant sprach von der »Stadt der reinen Vernunft«. Doch als am 10. April 1945 die Bürger Moskaus von 24 Salutschüssen geweckt wurden, womit die Kapitulation Königsbergs verkündet wurde, war es mit der Vernunft schon vorbei. Königsberg, von Hitler in bereits aussichtsloser Lage zur Festung erklärt, erlebte als zerbombte, brennende Stadt nach der Eroberung durch die Rote Armee ein in der Geschichte beispielloses Morden, Vergewaltigen und Rauben. Während über Pillau und die Ostsee bis zum 9. Mai 1945 noch über zwei Millionen Flüchtlinge aus Ostpreußen und dem Kurland gerettet werden konnten, waren die gefangenen Königsberger dem Massaker hoffnungslos ausgeliefert. Nach einer Erhebung der Sowjets verschwanden im ersten Nachkriegsjahr mehr als 80 000 Menschen; die genaue Zahl der Opfer wird nie ermittelt werden.

Am 14. Oktober 1947 erteilte der sowjetische Innenminister den Befehl zur Aussiedlung aller verbliebenen Deutschen, die, zermürbt vom täglichen Grauen, hungernd und verzweifelt in den Kellern der Stadt hausten. Von 110 000 noch lebenden Königsbergern überlebten lediglich 25 000 die völkerwidrige Vertreibung, die nach dem Willen ihrer Moskauer Initiatoren endgültig sein sollte. Daß heute die Stadt wieder für Deutsche betretbar ist, wird für deren Bewußtseinsgeschichte von großer Bedeutung sein. Denn niemand kann in dauernder Geschichtsvergessenheit leben, entfremdet vom Ort seiner Herkunft, von dessen Geist, Geschichte, Sprache und Architektur. Königsberg, dessen Ursprünge aus der Geschichte gelöscht werden sollten, hat sich

Zur Transkription der russischen Namen

Im Text wird wegen der besseren Lesbarkeit die in Deutschland übliche Duden-Transkription verwendet. Auf den Karten finden Sie dagegen die international übliche Schreibweise nach UN-Tabelle. In einigen Fällen sind die Unterschiede zwischen beiden Schreibweisen recht deutlich. In Zweifelsfällen sehen Sie bitte im Register am Ende des Bandes nach: Dort sind bei *größeren* Abweichungen beide Versionen erfaßt.

gegen das Vernichtungsurteil zur Wehr gesetzt. Königsberg lebt.

Allerdings nicht als Phönix aus der Asche. Warschau, Rotterdam, Dresden und Berlin ist diese Auferstehung widerfahren. In Königsberg wird sie nicht möglich sein, denn die Stadt ist verschwunden. »Den Landgraben entlang bis Philippsteich«, empfiehlt ein Reiseführer von 1910. »Von da links ab über Großen Friedrichsberg nach Forsthaus Moditten (Lieblingsaufenthalt Immanuel Kants), von wo aus etwa 20 Minuten Weges nach Juditten.« Wer diesen Weg heute geht, verliert sich im Nichts. Wer in Kaliningrad Königsberg sucht, landet in einer Ebene aus Beton. Es gibt nur noch wenige Stellen, sie sind schnell abgezählt, an denen Relikte der Vorkriegszeit den real existierenden Sozialismus überstanden haben. Alte Mauern und Häuser wie verwitterte Fossilien, die inmitten einer Wüstenei endloser Plattenbauten mit letzter brüchiger Tapferkeit die versunkene Stadt bezeugen.

Die beiden alten Bahnhöfe sind noch da, ebenso das frühere Polizeipräsidium und die Speicheranlagen am Hundegatt, Symbol hansischer Kaufmannschaft in fortgeschrittenem Verfallszustand. Hier und da noch ein abgewirtschaftetes Bürgerhaus aus der Gründerzeit, wie in die Betonmasse hineingesprenkelt. In zwei oder drei Etagen dieser Häuser wohnen Menschen, im Dachgeschoß nisten Tauben und es regnet herein. Von den Fassaden blättert der Putz, durch die Bauten ziehen sich Risse wie nicht behandelte Narben, mit ihren trüben Scheiben wirken sie wie eine unheimliche Filmkulisse. Auch die ehemalige Börse steht noch, nach dem Krieg wiederaufgebaut, hellblau getüncht und zum Kulturhaus der Seeleute umgewidmet. Die alten Stadttore stehen noch erhalten, das Roßgärter Tor mit den rußschwarzen Köpfen derer von Scharnhorst und Gneisenau. Auch das spitzgiebelige Brandenburger Tor ist noch da, das Thea-

Der neugotisch-strenge Backsteinbau des Roßgärter Tores in Königsberg

ter, der Konzertsaal, der einmal der Gottesdienstraum der Katholischen Kirche im protestantisch geprägten Königsberg war. Besonders verräterisch sind die Kanaldeckel. Auf dem Stahl steht »Mannheim«, »Hannover«, »Heidelberg« oder »Königsberg i.Pr.«. Die deutsche Wertarbeit hat die Sowjetisierung unbeschadet überstanden.

Nach 1946 war die Kaliningradskaja Oblast eine der bestabgeschirmten Regionen der Welt, unzugänglich für Ausländer und auch für den Großteil der Sowjetbürger. Über vier Jahrzehnte lang sickerten Informationen nur tröpfchenweise in den Westen. Sie waren durchweg deprimierend. Still, aber systematisch wurde vor allem in den sechziger und siebziger Jahren das historische Stadtbild Königsbergs vernichtet. Ein rigoroses Neubauprogramm, das vorwiegend unverputzte Betonblöcke auf historischen Boden klotzte, war das Ende für Hunderte alter deutscher Häuser. Zehn Prozent der ursprünglichen Bausubstanz waren nach dem Krieg noch vorhanden. Nur ein winziger Rest blieb von den Kahlschlagsanierungen verschont. Mit dem Auslöschen ihrer solide gebauten Vergangenheit wurde die Stadt gesichtslos und versackte in Bedeutungslosigkeit. Die Stadtbrache wurde zum Symbol für die kulturelle Ödnis Kaliningrads. Nichts mehr sollte an Königsberg und die verhaßten Deutschen erinnern.

Kaliningrad ist zubetoniert, häßlich und ohne erkennbares Zentrum. Aber vor allem die jungen Bürger der Stadt, die mehr als die Hälfte der Gesamtbevölkerung ausmachen, sind auf der Suche nach Königsberg. Sie sind die Nachfahren von Russen, Weißrussen, Litauern, Ukrainern, Kirgisen, Kaukasiern oder Aserbaidschanern, die zusammengewürfelt worden waren durch Zwangsansiedlungen und Werbekampagnen, und sie empfinden das Land heute als ihre Heimat. Anders als vorhergehende Generationen, für die das Land lediglich Zufluchtsort und zufälliger Wohnplatz war, in dem sie keine Wurzeln schlugen. Die Nachgeborenen wollen mehr, sie wissen, daß sie ihre Identität in einer 700 Jahre währenden Geschichte unter anderen Vorzeichen suchen müssen, daß die simple Russifizierung keine Lösung für die Zukunft mehr parat hält, daß die deutsche Geschichte endlich aufgearbeitet werden muß.

Königsberg war die Stadt der Philosophen und Dichter, der Astronomen und Mathematiker. Viele geistige Impulse sind von hier ausgegangen, große wissenschaftliche Leistungen haben aus den Mauern der Kommune ihren Weg genommen. Königsberg besaß eine Universität, die 200 Jahre älter war als die Moskauer, es hat den ältesten Zoologischen Garten Europas und den einzigen Bernsteintagebau der Welt. Die jungen Kaliningrader malen ein K mit Krone auf die Straßenbahnfenster, vergessen Kalinin und erinnern sich an Kant, und fordern in einem Appell demonstrativ: »Es gibt eine Geschichte, wie es auch nur eine Heimat gibt. Wir haben eine Heimat. Sie ist hier bei diesem rauhen Bernsteinmeer, in dieser unglücklichen, ausgeplünderten

Stadt. Gebt uns unsere Geschichte zurück!« Auf dem Stadtplan aus dem Jahr 1931 ist der Dom von einem Gewirr aus Gassen mit kleinen Fachwerkhäusern umgeben. Ein Hafen ist eingezeichnet und eine dichte Reihe von Gasthäusern und Vergnügungsstätten am Schloßgraben. Auf der anderen Seite der Brücke liegen das alte Königsschloß und das berühmte Wirtshaus *Blutgericht.* Die Kneiphofsche Langgasse führt auf dem alten Stadtplan durch ein idyllisches Wohn- und Geschäftsviertel über den Fluß und teilt das Herz der Stadt. Nicht ein Stein ist davon übrig. Die alte Hauptstraße, der Steindamm – heute Leninskij Prospekt – durchzieht zwar noch die Stadtmitte, wird aber nur noch teilweise von historischem Gemäuer gesäumt, das zudem kaum noch zu retten sein wird. Fast alle Kirchtürme der Stadt wurden niedergemacht, die Friedhöfe eingeebnet. Von der Albertina, an der Kant lehrte, sind ebenso wie vom Kneiphofschen und Altstädtischen Rathaus nicht einmal mehr die Grundmauern zu sehen. Die Villen am Schloßteich sind ausgebrannt, geplündert und abgerissen, wie die Patrizierhäuser auf dem Kneiphof und die Pregelbrücken mit den anmutigen Eisengeländern. Wo früher das ansehnliche Löbenichter Realgymnasium seine Pforten offen hielt, ist heute als Machtsymbol ein Marineboot aufgedockt. Die Topographie der Stadt ist so stark verändert worden, daß gebürtige Königsberger sich nicht auf Anhieb zurechtfinden, selbst auf noch existierenden Plätzen aus der alten Zeit. So ist der Hansaplatz heute mehr als doppelt so groß wie früher – und um ein Vielfaches trostloser.

Königsbergs beeindruckende Fülle von Skulpturen, Denkmälern und Gedenkstätten, geschaffen von bedeutenden Bildhauern ihrer Zeit, die in ihren Werken die geistige Verfassung der bürgerlichen Kultur verkörperten – enthauptet, verscharrt, verschollen. Die Oper am Schloßteich – weggewalzt. Städtisches Finanzamt, Telegraphen- und Postamt, Prachtburgen des preußischen Beamtentums – zerstört. Zwar gab es schon unmittelbar nach Kriegsende einige wenige Russen, die darauf hinwiesen, man möge die deutsche Grundierung Kaliningrads als Wesensmerkmal der Stadt orten und ostpreußisches Kulturgut sammeln, bewahren und wieder instandsetzen. Doch sie gehörten einer Minderheit an, die in der Zeit des großen Hasses besser daran tat, zu schweigen. »Wir kapitulieren nie«, hatte die deutsche Wehrmacht in Riesenlettern an die Festungswände pinseln lassen, und als die Rotarmisten dennoch den letzten Widerstand brachen, wurden sie zu Marodeuren. Zwei Tage nach der Eroberung brannte Königsberg immer noch. Rauch und Asche hingen, so Zeitzeugen, kilometerhoch über der Stadt. Der russische Schriftsteller Juri Iwanow, der an der Eroberung Königsbergs teilnahm, schrieb seine Erlebnisse später auf: Die Einwohner wurden zusammengetrieben, gequält, beraubt, vergewaltigt, ermordet; der Verwesungsgeruch der Leichen hing wochenlang über der Stadt. Der Großteil der repräsentativen Gebäude war zerstört, am Hansaplatz hatte jemand in kyrillischer Schrift auf den Sockel des Denkmals von Schiller geschrieben: »Nicht erschießen, das ist ein Dichter.« Später wurden aber selbst an historischen deutschen Kulturgestalten »Hinrichtungen« vorgenommen. Vor einer Schule, an deren Eingang vier Büsten angebracht waren, ließ man einen Trupp Soldaten antreten. Der Oberst rief den Direktor der Schule und zwang ihn mit anzuschauen, wie den Skulpturen die Köpfe abgeschlagen wurden. Es handelte sich um die Basreliefs von Kopernikus, Kant, Herder und Corinth, entworfen von Stanislaus Cauer. Künstler und Wissenschaftler wie diese, die oft Wahlostpreußen waren, haben Königsberg über Jahrhunderte geprägt.

Der größte Verlust ist das Schloß, mit dem Königsberg sein natürlich gewachsenes Zentrum verlor. Die einstige Mitte der Stadt ist nun ein geistiges Vakuum. Auf dem Boden der 1944 zerbombten Reichsbank erhebt sich das Rätehaus (Dom Sowjetow), das als Rathaus geplant war und dem jeder Häßlichkeitspreis unstritig zusteht. Über verschränkten Stelzen wuchten sich zwei riesige Betonkuben empor, auf deren Fassaden Wind und Wetter deutliche Spuren hinterlassen haben. Seit einem Vierteljahrhundert wird an diesem Ungetüm gebaut, wegen seiner statischen Mängel wird es wohl nie fertig werden. Viele Bewohner der Stadt plädieren inzwischen dafür, die gigantische Fehlinvestition wieder abzureißen.

Man muß weit in die Geschichte gehen, in den Dreißigjährigen Krieg, auf antike, untergegangene Kulturen zurück, um eine Dimension für das Aufhören dieser Stadt zu bekommen. Die Kämpfe des Zweiten Weltkriegs, die Bombardierungen der Briten und Stalins Sprengkommandos haben nicht nur Berge von Schutt hinterlassen, sondern auch eine historische Leere. Die Geschichte Königsbergs – weggebaggert und totgeschwiegen. Ausgelöscht, als habe eine gewaltige Explosion die Stadt exekutiert und als Zeichen der Heimsuchung allein die klagenden Stümpfe der Domruine hinterlassen.

Königsberg – das ist in der Tat die konsequenteste Vollendung des von Adolf Hitler angezettelten Krieges. Nur wenn der ganze Beton weggesprengt und meterweise Schotter abgetragen würde, träte vielleicht wieder die Topographie der Stadt hervor, das Königsberg mit seinen Erhebungen und Vertiefungen, mit schmalen Gassen und stattlichen Uferpromenaden, mit prachtvollen Häusern und gepflegten Straßen. Das ist ein unmögliches Unterfangen, doch Stadtplaner und Architekten haben die Herausforderung angenommen. Gestützt auf den Stadtplan von 1931 will man versuchen, der Stadt wieder menschenwürdige Maße zu geben. Ob es gelingt, ist ungewiß, aber die Anstrengungen sind zu begrüßen. Der Dom soll wieder aufgebaut, der Straßenverlauf anhand der alten Pläne gerichtet, die deutsche Kultur wiederbelebt werden. Am meisten werden diese Bemühungen von den jungen Kaliningradern unterstützt. Bei einer Umfrage haben sie bereits den jetzigen Stadtnamen zur Disposition und unmißverständlich klargestellt, welcher Stadtname ihr Favorit ist: »Kenigsberg« oder »Kenigsperga«.

In Nidden auf der Kurischen Nehrung, bereits auf litauischem Staatsgebiet, historisch zu Ostpreußen gehörend, steht das Sommerhaus von Thomas Mann. Nida, wie Nidden im Litauischen heißt, ist ein Fischerdörfchen mit pittoresken memelländischen Holzhäusern, reetgedeckt und blau gestrichen, mit einer Parade hübscher Vorgärten, saftiger Rasenflächen und bunter Blumenbeete, und wer an der Hohen oder Großen Düne am Haff entlangwandert, wie Thomas Mann es tat, kann sich gut vorstellen, wie der Dichter hier bei seinen Spaziergängen und im Strandkorb von Inspirationen ereilt wurde. Die Düne ist die gewaltigste auf der Kurischen Nehrung, ihr Steilhang fällt fast 60 Meter tief zum Haff hin ab. Das Wasser ist tiefblau wie im Mittelmeer, die weißen Sandberge sind eingefaßt von Waldesgrün, selbst die Kiefern gleichen Pinien. Bei seiner ersten Visite war Thomas Mann so entzückt, »so erfüllt von der Landschaft, daß wir beschlossen, dort Hütten zu bauen, wie es in der Bibel heißt ... Die weiße Küste ist schön geschwungen, man könnte glauben, in Nordafrika zu sein.« Später läßt der Schriftsteller den kleinen Hanno über die Sommerfrische an der Ostsee sagen: »Begriff wohl jemand weit und breit, was für ein Glück das bedeutete?«

Die Ostsee ist, trotz der Verschmutzungen, immer noch ein anrührendes Gewässer, und ihr Hinterland mit seinen Elchniederungen, sattgrünen Wiesen mit hüfthohem Gras und hellen Erlenwäldern steckt voller mythischer Kraft. Tagsüber leuchtet diese Landschaft wie von innen heraus, dann kommt langsam die Dunkelheit und körnt die Oberfläche des lilafarbenen Raums. Nachts ist das Land von einer großen Stille bedeckt, die nur das gleichmäßige rhythmische Klatschen der Brandung unterbricht. Am Himmel stehen große, verschwommene Lichtflecken, die Immanuel Kant vor über 200 Jahren als »Insel-Universen« aus Millionen Sternen deutete. Ein Sternenkranz wie ein Diamantengeschmeide, und dazwischen hängt der Vollmond wie eine Hostie am Himmel. Ostpreußen wühlt tiefliegende Sedimente auf, weckt Gefühle, gibt dem Mund einen Geschmack und dem Gedächtnis über die Sinne eine Erinnerung, die sich auch nach der Abreise nicht verschleift und als Rückkehrsignal, auch als Schmerz, gegenwärtig ist. Was so schön ist, ist schützenswert, und die Hoffnung ist groß, daß es diesmal den Völkern gelingt, das Beste für dieses Land herauszuholen. Den Russen und Angehörigen anderer Nationen der ehemaligen Sowjetunion, die hier eine Heimat gefunden haben, und den Deutschen, die aus historischer Verbundenheit und aus verständlicher Neugierde auf ein Stück deutscher Geschichte in die Kaliningradskaja Oblast reisen. »Niemanden verletzen«, lautet Kants kategorisches Gebot für jede Politik, für den Umgang der Völker und Menschen miteinander, denn »der Friedenszustand unter Menschen, die beneinander leben, ist kein Naturzustand... Er muß also gestiftet werden.«

Geschichtstabelle

1000 v. Chr.
Die Stämme der Pruzzen, ein baltisches Volk, bewohnen das Gebiet

1. Jh. nach Chr.
Plinius der Ältere und Tacitus erwähnen das Bernstein-Land

10./11. Jh.
Die Pruzzen leisten vehementen Widerstand gegen Christianisierungsversuche

1226
Der Deutsche Orden wird von Herzog Konrad I. von Masowien zu Hilfe gerufen

1231–33
Polnische Ritter und deutsche Ordensritter erobern das Gebiet der Pruzzen, gründen Ordensburgen und Siedlungen

1252
Memel wird gegründet, die älteste Stadt Ostpreußens

1283
Nach grausamen Ausrottungszügen gegen die aufständischen Pruzzen gilt die Eroberung als abgeschlossen. Planmäßige Besiedlung des Gebiets durch den Deutschen Orden. 93 Städte und rund 1400 Dörfer entstehen

1422
Nach Kämpfen gegen die vereinigten Litauer und Polen im Frieden von Melnosee Festlegung der Ostgrenze, die bis 1945 Bestand hat

1525
Unter Markgraf Albrecht von Brandenburg-Ansbach verwandelt sich der Ordensstaat in ein weltliches Herzogtum. Preußen wird protestantisch

1701
Preußen wird Königreich, Friedrich I. in Königsberg zum König von Preußen gekrönt

1808–10
Erlaß der Preußischen Städteordnung und anderer Reformen

1920
Überwältigende Volksabstimmung für den Verbleib beim Deutschen Reich

1944
Das Finale des Zweiten Weltkriegs wird mit Fliegerangriffen auf ostpreußische Städte eingeleitet. Die Massenflucht der deutschen Bevölkerung beginnt

1945
Ende Januar beginnt die Schlacht um die Festung Königsberg, die am 10. April mit der Kapitulation der Stadt endet. Im Oktober akzeptiert die Potsdamer Konferenz der Siegermächte die Angliederung des ostpreußischen Nordteils an die Sowjetunion

1946
Bildung der Kaliningradskaja Oblast, Umbenennung sämtlicher Orte

1991
Öffnung des hermetisch abgeriegelten Königsberger Gebiets

1992
Die Region wird zur Freihandelszone Jantar erklärt und für den internationalen Reiseverkehr geöffnet

Von Pufferküssern und Sonnensteinen

*Notizen zu Ordensrittern, Philosophen und einer Stadt
als Ort des Aufbruchs von Rußland nach Europa*

Bernstein

In der Region Königsberg gibt es das größte Vorkommen des Sonnensteins, wie Bernstein auch genannt wird – 94 Prozent der Weltressourcen. Die Gewinnung findet fast ausschließlich in und um Palmnicken/Jantarnyj statt, wo unter der Erde außerdem ein Steinsalzvorkommen von über zwei Milliarden Tonnen lagert.

Die Bernsteinverarbeitung ist einer der traditionellen Industriezweige des Gebiets. Der Rohstoff wird zum Teil im Tagebau gefördert, aus den geschliffenen hellgelben Steinen stellt man hauptsächlich Ketten, Broschen und Anhänger her. Um 700 Tonnen Sonnenstein werden pro Jahr verarbeitet. Die größten jemals in diesem Gebiet gefundenen goldgelben Steine waren 9,7 und 12 Kilo schwer. Der Run auf das Gold der Ostsee ist gewaltig, denn damit läßt sich Geld verdienen. In der Ortschaft Muromskoje im Selenogradsker Rayon sind die negativen Folgen zu sehen: Eine Fläche von etwa 50 Hektar ist durch bis zu acht Meter tiefe Gräben entstellt, der Boden erbarmungslos aufgewühlt. Hunderte von Bernsteinräubern hat die Miliz bei Razzien festgenommen, doch immer gibt es Nachfolger, ganze Familien mit kleinen Kindern, viele Arbeitslose, die aufs schnelle Geld hoffen. Den Bernstein setzen sie bei einheimischen und ausländischen Zwischenhändlern ab, ein 100-Gramm-Stück bringt 20, ein 200-Gramm-Stück schon 50 Dollar.

Deutscher Orden

Er entstand nach dem Vorbild der Templer und der Johanniter-Ritter 1198 im Heiligen Land. 1226 rief Herzog Konrad von Masowien den Orden zu Hilfe gegen die heidnischen Pruzzen und bot ihm dafür einen Teil des Landes. Die Ritter kamen, siegten und nahmen gleich alles. Zur Blütezeit des Ordens im 14. Jh. unterhielten die nicht nur frommen Ritter über 300 Ordenshäuser. Sie gründeten 90 Städte, darunter Königsberg und Marienburg. Doch schon im 15. Jh. erlag der Ordensstaat dem neuen

*Bernstein begeistert die Menschen
seit jeher; das Bernsteinmuseum
in Königsberg birgt viele Schätze*

polnisch-litauischen Großreich. 1525 trat Hochmeister Albrecht von Brandenburg zum Protestantismus über und verwandelte die restlichen Ländereien des Ritterordens in ein weltliches Herzogtum. Seit 1929 ist der Orden rein geistlich mit stets einem Priester als Hochmeister. Die heute etwa 1000 Ordensmitglieder, darunter rund 300 Schwestern, widmen sich ausschließlich seelsorgerischen und karitativen Tätigkeiten, vor allem der Alten-, Kranken- und Jugendpflege. Stand der Deutsche Orden einst für die Kolonisation, aber auch Zivilisation im Osten, galt er lange als Inkarnation brutaler deutscher Expansion und gewalttätiger Germanisierung, so ist er nun zu einer geistlichen und sozialen Einrichtung mutiert, die seit der politischen Wende dazu beiträgt, die Versöhnung zwischen Polen, Russen und Deutschen voranzubringen. Aus einem Instrument imperialistischer Schandtaten mit jahrhundertelanger Blutspur ist ein Instrument der Völkerverständigung geworden.

Eisenbahn-Erlebnis

Die Gilde der Pufferküsser ist glücklich! Seit der Demokratisierung der Region Königsberg finden Nostalgiefahrten durchs ehemalige Ostpreußen mit historischen Loks und Waggons statt. Nicht nur ein Ereignis für Eisenbahnfans, sondern für alle, die noch einmal erleben wollen, was es früher hieß, mit der Eisenbahn zu reisen. Löwenzahn, Leinkraut und Rindvieh auf den Schienen, Kühe und Schafe am Bahnsteig, doppelte Telegrafenmasten aus den dreißiger Jahren entlang der Gleise, preußische

Rundschuppen und Provinzbahnhöfe aus Kaisers Zeiten, patrouillierende Streckenläufer mit langen Schraubenschlüsseln, immer noch funktionierende Wasserbrunnen, Volldampf aus Vorkriegsloks, zischende, rauchende, tropfende, pfeifende und kochende Zylinder, drückende Kolben, treibende Stangen und die dunklen Gesichter vom Lokführer und dem eine Tonne Kohle nachschippenden Heizer, die verraten, weshalb das Land Ruß-Land heißt. Der ehemalige polnische Regierungszug ist im Einsatz, die Resopal-Waggons aus Erich Honeckers Sonderzug, Dampfloks aus der Baureihe 42 mit gülden glänzendem Eisen. Von Mai bis Oktober fahren über 40 ausrangierte Bahnen auf dem Nostalgietrip. Spezialist unter mehreren Veranstaltern ist Rail Tours Mochel Reisen, *Postfach 48, 77922 Lahr, Tel. 07821/430 37, Fax 429 98.* Übrigens: Alles erinnert an die Kaiserzeit, nicht aber die Fahrpläne – die waren damals besser, die Fahrtdauer kürzer. 1939 reiste man in sieben Stunden von Berlin nach Königsberg, heute sind es 14 Stunden.

Europäer russischer Kultur

Die Einwohner der Kaliningradskaja Oblast stammen aus den entlegensten Winkeln des ehemaligen sowjetischen Riesenreiches, in dem die Sonne nie unterging. Doch sie betrachten sich nicht (mehr) als Eurasier, sondern als Europäer russischer Kultur. Erstaunlich viele von ihnen beherrschen die deutsche Sprache, Tausende lernen sie gegenwärtig in staatlichen oder privaten Deutschkursen. Auch Kurse über preußische Geschichte sind ausgebucht, an den Kiosken sind Postkarten mit Veduten aus dem alten Ostpreußen zu finden, die Preußenrenaissance gleicht der, die Berlin vor Jahren erlebte. Die Menschen sprechen hier oft viel besser Deutsch als ihre deutschen Landsleute aus Kasachstan oder Sibirien, die etwa 20 000 Rußlanddeutschen, die registriert sind. Viele von ihnen wandern Jahr für Jahr in die Heimat der Vorfahren aus, die Russen bleiben in Ostpreußen. Unter den Kaliningradern der zweiten und dritten Generation, die Deutsch lernen, spielt oft das historische Interesse die Hauptrolle, zudem ist die Sprache die wichtigste im Tourismus. Das historische Motiv wird auf Peter I. zurückgeführt, den ersten russischen Zaren, der – unter dem Inkognito eines Unteroffiziers namens Pjotr Michailow – ins Deutsche Reich und in andere europäische Länder reiste, um unter den dortigen Herrschern Verbündete gegen die muslimischen Nationen zu finden und den Anschluß seines Landes an Europa voranzutreiben. Der wißbegierige junge Zar wollte auf seiner Reise aber auch neue Erkenntnisse und Kenntnisse erlangen, zum Beispiel über die Schiffsbaukunst Europas. Dazu diente unter anderem auch ein Studienaufenthalt in Königsberg.

Seit 1992 steht wieder ein Denkmal des Philosophen in Königsberg

Kant

Der Erfinder des kategorischen Imperativs (»Handle so, daß die Maxime deines Willens jederzeit zugleich als Prinzip einer allgemeinen Gesetzgebung gelten könnte«) war Königsberger von Geburt und aus Überzeugung. 1724 als viertes Kind einer Sattlerfamilie zur Welt gekommen, studierte er Mathematik und Philosophie an der Albertina, promovierte 1755 und war danach Hauslehrer und Privatdozent. Von den 80er Jahren an erschienen in rascher Folge die Werke, die ihn berühmt und zu einem der herausragenden Philosophen des 19. Jhs. – manche halten ihn für den bedeutendsten – gemacht haben, »Die Kritik der reinen Vernunft« und weitere »kritische« Schriften – Quantensprünge des Fortschritts in der geistigen Welt. Diese Bücher erregten großes Aufsehen, stellten eine völlig neue Methode der Erkenntniskritik dar und führten zu einer kopernikanischen Wende in der Philosophie. Kant, der 1804 starb, hat seine Heimatstadt selten, Ostpreußen nie verlassen.

Auf seine Reiseunlust – unter anderem lehnte er ehrenwerte Berufungen nach Erlangen und Jena ab – angesprochen, meinte er, »eine solche Stadt, wie etwa Königsberg am Pregelflusse, kann schon für einen schicklichen Platz zur Erweiterung sowohl der Menschenkenntnis als auch der Weltkenntnis genommen werden, wo diese, auch ohne zu reisen, erworben werden kann«. Ein größeres Kompliment hat niemand der Stadt gemacht, auch wenn der wahre Grund für Kants Reiseabstinenz seine schwache physische Konstitution war und sein penibel festgelegter Tagesablauf, den er nicht gestört sehen wollte. Kant ließ sich jeden Morgen um 4.45 Uhr von seinem Diener wecken, bereitete sich auf seine Vorlesungen vor, hielt sie den Vormittag über, traf sich mit Freunden zu einem geselligen Mittagstisch, zu dem keine Frauen geladen wurden, unternahm danach einen Spaziergang, um anschließend an seinen Manuskripten zu schreiben. Um 22 Uhr ging er zu Bett, wickelte sich in eine Decke ein, legte sich, umhüllt wie eine Mumie, aufs Kissen und erwartete den Schlaf, indem er sich hin und wieder fragte: »Gibt es einen gesünderen Menschen?«

Königsberger Archäologie

In Kaliningrad erinnert fast nichts mehr an Königsberg. Doch unter dem Eingeebneten und Zugeschütteten, in den Kellern und Bunkern der Stadt, die teils Jahrhunderte alt sind, werden Depots mit Kunstwerken vermutet. Etwa 200 Aktenordner aus der Festungsstadt sind gefunden worden, die diese Vermutungen bestärken. Reste privater Kunstsammlungen, in den Kriegs- und Nachkriegswirren in unterirdischen Verliesen »vergessen«, Devotionalien, von älteren Menschen vor den Kirchenzerstörungen gerettet, und industrielle Überbleibsel könnte die Königsberger Archäologie in den nächsten Jahren noch zutagebringen. Litauische Archäologen haben bereits in der Erde Kaliningrads die Gräber der Pruzzen geortet, jener heidnischen Stämme, die Ureinwohner des Gebiets waren, Schlange, Kröte und Donner als Götter verehrten und vor mehr als 750 Jahren von deutschen Ordensrittern unterworfen wurden. Auch aus den zugeschütteten Kellergewölben des Platzes, an dem einst das Schloß stand, wird mit der Bergung von Schätzen gerechnet. Ein »Koordinierungszentrum für die Organisation der Suche nach Kulturgütern« hat bereits unter dem Gelände sondiert. Auf der Grundlage einstiger Stadt- und Bebauungspläne und von Vorkriegsinventarlisten der Museen soll die Historie auf das Sorgsamste durchpflügt werden. Die Historiker hoffen auch auf die Bergung von Überbleibseln des einst berühmten »Prussia-Museums«, das im Nordflügel des Schlosses in sechs großen Sälen untergebracht war, auf eine Porzellansammlung und die Silberbibliothek von Herzog Albrecht mit mittelalterlichen Manuskripten und Frühdrucken, Optimisten sogar auf die legendäre Lovis-Corinth-Sammlung aus dem Schloß und das sagenumwobene Bernsteinzimmer, von dem es nach wie vor heißt, es habe Königsberg nie verlassen.

Militär

Sechs Divisionen der russischen Armee sind im Königsberger Gebiet stationiert. Die militärischen Objekte sind dreimal so groß wie die Siedlungsfläche. Dazu gehören zwei riesige Panzer-Übungsplätze, sechs Militärflughäfen und diverse Munitionsdepots. Über 200 000 Menschen sollen im militärischen Sperrgebiet die Uniform der Roten Armee tragen. Der Hafen Baltijsk, das frühere Pillau, ist die Basis der Baltischen Flotte und damit der strategisch wichtigste Kriegshafen im russischen Westen – eisfrei das ganze Jahr über.

Re-Germanisierung

Unverbesserliche, die noch von einem Großdeutschen Reich in den Grenzen der dreißiger Jahre träumen, gab es immer. So war nicht verwunderlich, daß sie schon bald nach Öffnung der Kaliningradskaja Oblast da waren, um, wie Dietmar Murnier, rechtsextremer Verleger aus Kiel, zu formulieren pflegte, »deutschem Blut« zur Geltung zu verhelfen. 1991 gründete er seine »Aktion deutsches Königsberg«, 1992 folgte, gemeinsam mit anderen, die Gründung der »Gesellschaft für Siedlungsförderung in Trakehnen«, wofür erhebliches Kapital aufgebracht wurde. Seitdem ist Trakehnen, der frühere Sitz des berühmten ostpreußischen Gestütes und heute einer der Siedlungsschwerpunkte von Rußlanddeutschen aus Kasachstan und Kirgisien, auch zu einem Ort geworden, von dem aus die ewig Gestrigen ihre Propagandaaktivitäten entfalten. Gefordert und gefördert wird aus ihren Reihen die gezielte Ansiedlung Deutschstämmiger aus der ehemaligen Sowjetunion. Geplant ist eine Re-Germanisierung der Region. Vorangetrieben wird sie durch den systematischen Aufkauf des Bodens, den Aufbau von Handwerksbetrieben, die Renovierung von Häusern, das Heranschaffen von moderner Landtechnik, von Saatmaterial, Lebensmitteln, Kleidung und Büchern aus Deutschland. Von dort kommen auch Fach- und Lehrkräfte, die den Rußlanddeutschen deutsche Sprachkenntnisse und handwerkliche Ausbildung vermitteln. Fatal daran ist, daß den deutschen Neuankömmlingen unter dem Deckmantel eines anachronistischen Nationalismus durchaus Gutes zuteil wird. So sind zahlreiche Wohnungen gebaut worden, deutsche Schulvereine unterstützen die Arbeit der Lehrer vor Ort, mit Spendenmitteln konnte in Trakehnen ein Kulturhaus eingerichtet werden. Bedauerlich ist nur, daß damit einseitig die »deutsche Sache« vor Ort vorangebracht werden soll, daß die Aktivisten russischen Nachbarn mit Verachtung und Argwohn gegenüberstehen, daß völkisch-elitäres Gedankengut abermals um sich greift in einer Region, in der es schon einmal Unheil angerichtet hat. Dem Rechtsextremisten Murnier ist inzwischen die Geschäftstätigkeit in der Oblast untersagt worden.

Unterwasserarchäologie

Es überlebten weder Mann noch Maus. 1564 kam es auf den Gewässern der Ostsee zu einem Seegefecht zwischen Schiffen Dänemarks und Lübecks. Die »Finska Falken« hatte drei Verfolgerschiffe hinter sich, als sie in Richtung Osten flüchtete. Die Verfolger waren schneller, aber Kapitän Björnsson wollte sein Schiff nicht von feindlichen Kanonen versenkt sehen. »Legt Feuer an die Pulverkammer!« lautete sein finaler Befehl, der umgehend ausgeführt wurde. Der Knall muß gewaltig gewesen sein. Seitdem liegt die »Finska Falken« an einer der südlichen Ostseeküsten, gesucht seit über 400 Jahren. Wissenschaftler vermuten, daß sich mehr als 2000 Schiffswracks auf dem Grund der Ostsee befinden. In den vergangenen Jahrhunderten wurden Gewürze, Tuche, Weizen, Stockfisch, Pottasche, Keramik, Holz- und Metallwaren, Eisen und Kupfer über das Wasser transportiert. Goldbeladene Gallonen gab es nicht. Aber aus den Schiffswracks, die bisher geborgen wurden – vor allem von Skandinaviern, den führenden Unterwasserarchäologen im Ostseeraum – läßt sich ablesen, wie die Wikinger gelebt haben, was Hansekaufleute bei sich hatten, wie Hansekoggen gebaut waren. Auch Pillau und Königsberg waren Ziel der Kaufleute. Die russische Forschung kommt erst allmählich zum Zuge, mit erheblichen Funden kann in den nächsten Jahren gerechnet werden. Sie werden immer erst mit Videokameras erfaßt, dann gehen die Taucher hinunter, am liebsten im Winter, wenn die Sicht klar ist und nicht durch Algen getrübt. Sie fächeln Sandschichten weg, saugen per Airlift Schlamm und Schwebstoffe ab, kartieren die Fundstelle auf wasserfestem Papier und geben damit den Wissenschaftlern, die sich mit der Bi-

bliographie der Wracks befassen, wertvolle Hinweise. Unterwasserarchäologie befaßt sich aber nicht nur mit Schiffen, es geht auch um Siedlungsplätze, um Anlagen wie Brücken oder Sperrwerke in Häfen, um sogenannte Kemladen, auf Pfählen ins Wasser gebaute Burgen des 14. Jhs., und steinzeitliche Plätze an der Küste. Im Wasser, ein großer Vorteil, werden auch organische Stoffe, wie Knochen, Holz oder Leder erhalten, Schuhe und hölzerne Etuis wurden komplett gefunden. Wenn organische Stoffe, etwa ein hölzerner Schiffskiel, geortet werden, kann mit der Dendrochronologie (Datierung nach Jahresringen) das Alter recht genau bestimmt werden. Das Konservieren in Becken voller Polyethylenglykol ist viel schwieriger und dauert sechs bis acht Jahre. Die Konservierung wird oft nicht vorgenommen, weil sie zu teuer ist. Raubtaucher, die mit Funden das schnelle Geld machen wollen, müssen meist zu ihrem Erschrecken erleben, daß ihnen die Stücke aus organischen Stoffen innerhalb weniger Stunden an der Luft zerbröseln. Schiffswrackplünderer werden von der Wasserpolizei aller Ostsee-Anrainerstaaten verfolgt, neue Schiffsfunde in Küstensedimenten stehen automatisch unter Denkmalschutz.

Wiese

Im größten Teil Europas kennt man nur noch die grüne Wiese. Die bunte Wiese mit gut und gerne 160 Pflanzenarten ist dagegen ein Kunstwerk der Natur – und ein hochgradig gefährdetes Kulturerbe Europas. Das Waldsterben, so Ökologen, sei mit der Dramatik des Wiesensterbens nicht zu vergleichen. Intensive Landwirtschaft und Zersiedelung lassen im Großteil Europas die Wiesen veröden. Statt farbenfroher Pracht prägen triste Gräser das Bild, wie z.B. der englische Rasen, ein Kunstprodukt aus der Retorte, schön anzuschauen, aber auch steril. Auf überdüngten EU-Flächen wuchert höchstens noch der Löwenzahn. Nur arglose Spaziergänger können sich über sein leuchtendes Gelb freuen. Das Massenvorkommen des Löwenzahns ist zum Symbol uniformer Artenarmut geworden. Nicht so in Ostpreußen, einem der reichsten noch vorhandenen Biotope. Hier gibt es noch die bunte, ungestüm wuchernde Wiese, für die Bäume Spalier stehen und auf der sich Wildblumen und Kräuter »tummeln«.

Die multikulturelle Vielfalt der Gräser ist zur Zeit kaum durch Dünger beeinträchtigt, die jahrzehntelange und bis heute anhaltende Stagnation der Landwirtschaft erweist sich geradezu als Segen für Wiesen und Weiden. Den durch die Oblast Reisenden wird immer neu ein eigentümlicher Duft in der Nase kratzen, die Wiesen laden ihn zum Picknick und zum Faulenzen ein und betören ihn mit ihrer ungebändigten Pracht. Die Einladung haben auch die Tiere angenommen, ganz selbstverständlich gehört das Kleinwild hier zur Natur. Über Ostpreußen, einst ein besonders mühevoll Wasser, Sumpf und Wald abgerungenes Kulturland, kreisen heute wieder Habichte. 720 Storchennester haben Ornithologen im letzten Sommer gezählt, so viele wie noch niemals zuvor.

Viele frische Weiden bieten saftige Nahrung fürs Vieh

Glänzendes Ost-
seegold und Knall-
buntes aus Holz

*Dazu ein Bummel durch den Basar freien Unternehmertums
und dreimaliges Anstehen für einen Gegenstand*

Zum Einkaufen werden die wenigsten nach Ostpreußen fahren. Dabei gibt es dort durchaus einige Schnäppchen zu machen, vor allem natürlich beim Gold der Ostsee, dem Bernstein. Es gibt ihn in allen Variationen, und er ist deutlich preiswerter als in heimischen Gefilden.

Gut bedient wird auch, wer ein typisch russisches Souvenir erwerben möchte: Eine knallbunte *matrjoschka*, die Puppe in der Puppe zum Beispiel. Ebenfalls gefragt: die farbenfrohen *pisanki*, aufwendig bemalte Holzeier, *loshki*, bunt lackierte Holzlöffel und Geschirr, oder *schkatulki*, Lackkästchen aus Pappmaché. Überhaupt erfreuen sich Spielzeug und Gebrauchsartikel aus Holz, immer lackiert und bunt bemalt, bis heute großer Beliebtheit. Die Ikonenmalerei hat im Westen Rußlands nur eine marginale Bedeutung. Ikonen, die Christus und die Gottesmutter, Engel, Märtyrer oder Heilige darstellen, werden hauptsächlich in orthodoxen Kirchen angeboten. Seitdem in Rußland die freie Marktwirtschaft Raum zu greifen beginnt, blüht das Unternehmertum auf. Auch die Oblast ist heute ein großer Basar, in dem praktisch jedes beliebige Produkt zu bekommen ist, wenn auch oft nur zu exorbitanten Preisen. Die *rynok*, private Märkte, überziehen das Land wie ein Spinnennetz und haben oft mediterranes Flair. Auch Probieren und Feilschen gehören zum Einkaufsritual.

In Kaufhäusern ist die Erwerbsprozedur oft noch genauso kompliziert und nervenstrapazierend wie einst: Wer einen Gegenstand haben will, muß dreimal anstehen. Erstens, um sich den Preis der Ware von der Verkäuferin aufschreiben zu lassen; zweitens, um mit dem Zettel an der *kassa* zu bezahlen; drittens, um mit dem abgestempelten Kassenbon *(tschek)* bei der Verkäuferin den Erwerb einzulösen.

Da hilft dann nur eins: Ruhe bewahren und die Prozedur gelassen durchstehen.

Die Matrjoschka kennt jedes Kind

Brot gehört immer dazu

Gegessen wird russisch, aber die ostpreußische Küche steht vor einer Renaissance

Mir wird's ganz blümerant«, rufen manche Besucher Ostpreußens im originalen Deutsch der Region aus, wenn es ans Thema Verpflegung geht. Es ist ein Problemthema, denn kulinarisch sind die Russen von den mitteleuropäischen Tendenzen an Herd, Pfannen und Kochtöpfen noch völlig unberührt. Die russische Küche ist schwer, fett und sahnig. Schweine- oder Rindfleisch, mitunter auch Lamm, mit üppigen Saucen überkleckert, gehören hier nun mal zu einer ordentlichen Mahlzeit.

In den meisten Restaurants kommt man an fetthaltigen Speisen kaum vorbei: Beetenbartsch *(Borschtsch)* mit Roten Beeten in kräftiger Brühe. Bratkartoffelflinsen (geriebene Kartoffeln mit Eiern, Salz und Mehl verrührt und gebacken). Schmandhering (Hering in süßsaurer Sahne). Kartoffelkeilchen mit *Spirkel* (Klöße mit gebratenem, geräuchertem Speck oder frischem Schweinebauch und Zwiebel-

Auf dem Markt in Königsberg erhält man nicht nur regionale Erzeugnisse

soße). Warme *Pelmeni,* kleine, mit Hackfleisch gefüllte und gewürzte Teigtaschen, kommen heiß und dampfend in einem kleinen Gefäß mit Deckel auf den Tisch. *Blini,* Pfannkuchen aus Buchweizen mit verschiedenen Beilagen, sind über die Grenzen hinaus bekannt. Die Völkervermischung in der Oblast hat das Speisenangebot bereichert: Von Fischgerichten bis zu Speisen mit Hühner- und Rindfleisch sowie dem scharfen, über dem offenen Grill gegarten Schaschlyk kommt alles auf den Tisch, was deftig ist, wahlweise mit zerlassener Butter, saurer und süßer Sahne oder anderen Saucen übergossen. Schwarz- und Weißbrot gehört zu jeder Mahlzeit dazu und wird in großen Mengen verzehrt. Brot hat in ganz Rußland große symbolische Bedeutung. Sehr beliebt sind Kaviar, Pilze, eingelegte Gemüse und Gurken, geräucherte Fischspezialitäten und diverse Milch-, Quark- und Käseprodukte. Kuchen und Konfitüre, gesüßter Tee oder Kaffee beenden dann die Speisengänge. *Prijatnowo appetita!*

Für Freunde der ostpreußischen Küche gibt es aber auch

Hoffnung. Im Zuge der touristischen Aufrüstung verändern sich auch langsam die Speisekarten. Restaurantchefs möchten ihren Gästen imponieren und halten manchmal Königsberger Klopse parat – Hackfleischbällchen in pikanter Sahnesoße mit Kapern. Dazu gibt es hier und da schon Apfelklöße, aus einem Teig aus Mehl, Eiern, Salz, Butter und gewürfelten Äpfeln geformt und in heißem Wasser gegart. In kleinstädtischen Gasthöfen kann man sogar noch *Klunkermus* ordern, eine Milchsuppe mit Mehlklümpchen, oder *Glumse,* Quark, der mit Kartoffeln verspeist wird – ostpreußischer geht's nicht mehr. Dort gibt es am ehesten auch Raderkuchen, ein köstliches Schmalzgebäck, und das berühmteste Konditoreiprodukt Ostpreußens, den Streuselkuchen.

Nationalgetränke der Russen sind Wodka und Krimsekt (*Schampanskoje* ist halbsüß, *Suchoje* etwas trockener), für die zarteren Damen süße Limonade und Likör, für alle zum Frühstück Tee. Aber Kaffee und Bier sind langsam auf dem Vormarsch. Mineralwasser gibt es mittlerweile ebenfalls überall, hauptsächlich die drei russischen Wässer Kaliningradskaja, Sowjetsk und Maiskoje, alle mit leicht salzigem Geschmack. Im Sommer wird auf den Straßen *Kwaß* aus Tanks ausgeschenkt, ein mostähnliches Getränk aus vergorenem Brot mit Erfrischungseffekt. Kwaß ist ein Nationalgetränk der Russen, ähnlich wie für Deutsche und Tschechen das Bier und für Amerikaner die Coca Cola. Nachdem die Russen sämtliche westlichen Getränke probiert ha-

ben, sind sie zum Kwaß-Kult zurückgekehrt. Allein im Kaliningrader Gebiet stellen drei Großbetriebe das Volksgetränk her, das zu Spottpreisen aus riesigen 950-Liter-Fässern auf Rädern angeboten wird.

In Lokalitäten, die besonders auf Deutsche eingestellt sind, feiern ostpreußische Alkoholika-Varianten derzeit eine noch etwas mühevolle Renaissance. Der Bärenfang, ein Honigschnaps, kehrt zurück, der Pillkaller, ein Klarer, erst recht; dazu nimmt man eine Scheibe Leberwurst, auf die Mostrich gesprenkelt wird. Auch der Wacholderschnaps Machandel wird wieder gesichtet, ebenso der Eierlikör mit einem Schuß Kirschlikör, der den einnehmenden Namen Blutgeschwür trägt. Jetzt warten wir nur noch auf den Kosakenkaffee, einen Mokka-Likör. Er wird gebraut nach alten ostpreußischen Geheimrezepten. Ein Land, in dem der Wein genußvoll dekantiert wird, ist die Oblast mit Sicherheit nicht, dazu ist dieses Getränk viel zu teuer und zu alkoholschwach. Gute Weine, vor allem aus Italien und Frankreich, finden sich jedoch zunehmend in den Regalen der Delikatessengeschäfte, und wer als Neuer Russe auf sich hält, nippt allein aus Prestigegründen an den guten Tropfen. Ist die Stimmung aber fortgeschritten, hat nur noch das Wässerchen, wie der Begriff Wodka übersetzt wird, eine Chance; es ist seit dem 16. Jh. das Lebenswasser Rußlands und wird heute in verschiedenen Varianten aus Weizen gebraut, mit Pfeffer, Zitrone und anderen Kräutern und Gewürzen versetzt, dargeboten.

Bunte Eier und Blumen in ungerader Zahl

Dazu feuchtfröhliche Abschiede vom Junggesellenleben und Väterchen Frost mit Assistentin

OFFIZIELLE FEIERTAGE

1. Januar Neujahr *(Nowy god):* In ganz Rußland der beliebteste Feiertag, eine Mischung aus Weihnachten und Silvester mit bunt geschmückten Tannenbäumen, Geschenken und dem traditionellen Festessen (Gänsebraten) im Kreis der Familie und mit Freunden. Väterchen Frost *(Ded Moros)* und seine Assistentin, das Schneemädchen *Snegurotschka,* machen bei den Jüngsten mächtig Eindruck und überbringen auch die Geschenke.

7. Januar Russisch-orthodoxes Weihnachtsfest *(Roshdestwo):* Der kirchliche Feiertag anläßlich der Geburt Christi fällt auf diesen Tag, weil sich der orthodoxe Kalender am alten Julianischen Kalender orientiert, der um 13 Tage vom Gregorianischen Kalender abweicht. Der orthodoxe Weihnachtstag wird mit feierlichen Gottesdiensten begangen und gilt als Fest der Familie. In den Wochen zuvor ziehen Kinder und junge Leute auf den Dörfern von Haus zu Haus und singen Weihnachts- und Neujahrslieder, in denen vor allem Reichtum und gute Ernte gewünscht werden. Zum Dank erhalten sie Lebkuchen und Roggenbrötchen.

8. März Internationaler Frauentag *(Prasdnik Wosmowo marta):* Die über siebzigjährige Tradition, diesen Tag zu feiern, wird in Rußland hochgehalten. Der ideologische Gehalt ist erodiert, dafür hat der Tag an Heiterkeit gewonnen. Russische Männer, die sich nicht immer gerade intensiv um die Belange ihrer Frauen kümmern, sind dann oft aufgeregt um sie besorgt, bringen Leckereien mit und verhelfen Blumengeschäften zu Rekordumsätzen. Blumen werden immer in ungerader Zahl zu Sträußen gebunden, das soll Glück bringen.

April/Mai Russische Ostern *(Paßcha),* Ostersonntag und -montag (zwei Wochen nach dem mitteleuropäischen Osterfest): Zum bedeutendsten Feiertag im Kalender der russisch-orthodoxen Kirche baumeln

29

Russisch-orthodoxe Prozession in prunkvollen Gewändern

überall die bunten Eier, man ruft einander den Gruß *Christos woskresse! Woistinu woskresse!* (Christus ist auferstanden! Er ist wahrhaftig auferstanden!) zu. Der Ostermesse folgt ein dreimaliger Prozessionsumzug um die Kirche. Zu den traditionellen Osterspeisen gehören ein runder Hefekuchen *(kulitsch)* und das pyramidenförmige Quarkgebilde, das mit den kyrillischen Anfangsbuchstaben des Ostergrußes XB garniert ist.

1./2. Mai Tag der Arbeit/ Frühlingsfest *(Perwoje maja/Prasdnik wesny):* Die martialischen Aufmärsche der kommunistischen Epoche sind passé, der Frühlingsfeiertag wird als Tag der Lebenslust zelebriert.

9. Mai Ende des Großen Vaterländischen Krieges (Kriegsende 1945) bzw. Tag des Sieges *(Den Pobedy):* Kriegsveteranen und betagte Heldenwitwen stecken die Orden an und legen an Denkmälern und auf Friedhöfen Blumenkränze nieder. Der zeremonielle Ernst, der an diesem Tag über dem ganzen Land liegt, erklärt sich aus der Erinnerung an die gewaltige Zahl der Opfer, die bis zur deutschen Kapitulation gebracht wurden.

12. Juni Nationalfeiertag *(Den Nesawissimosti):* Der jüngste Feiertag wird seit der Unabhängigkeitserklärung Rußlands 1991 und der damit verbundenen Ablösung vom Gewaltkonstrukt Sowjetunion mit fröhlichen Volks- und Straßenfesten begangen.

7. November Jahrestag der Oktoberrevolution: Ein Feiertag, der in postkommunistischer Zeit immer mehr an Bedeutung verliert, aber nach wie vor im offiziellen Festkalender steht.

VOLKS- UND BRAUCHTUMSFESTE

Festivitäten sind rar in der Oblast, Festivals kann sich das Land kaum leisten. Traditionelle Feste, die überwiegend im russisch-orthodox bestimmten Glaubensleben und in der naiven Volksfrömmigkeit ihre Wurzeln haben, aber auch in vorchristlichen Riten, die sich hauptsächlich an den Kreisläufen der Natur orientieren, haben Hochkonjunktur. Viele der Rituale, in kommunistischer Zeit weitgehend unterdrückt, haben unbeschadet überstanden. Zum Epiphanienfest *(Kreschtschenije)* im Januar bringen Gläubige Wasser in die Kirchen, lassen es dort weihen und reichen es dann Kranken weiter, deren Genesung dadurch beschleunigt werden soll. Die Butterwoche *(masleniza)* im Februar oder März erinnert an den Karneval in anderen europäischen Ländern: Vor der siebenwöchigen Osterfastenzeit wird noch einmal ausgelassen gefeiert, was bei Russen ohne Festschmaus und reichlichen Wodkagenuß undenkbar ist. Hochzeiten sind in Rußland nur halbprivate Feste. Besonders auf dem Land wird die Tradition hochgehalten, die von Braut und Bräutigam am Abend vor der Trauung den Abschied vom Junggesellenleben *(dewitschnik)* fordert: Mit vielen Wässerchen wird das meist eine lange Nacht. Am Tag nach der Trauung wird das Paar zum Fotografieren zum Grabmal des Unbekannten Soldaten oder einem anderen Denkmal gefahren. Danach gibt es ein Hochzeitsgelage, bei dem sich die Tische biegen und es oft bis in die frühen Morgenstunden feuchtfröhlich zugeht.

Kaum ein Stein blieb übrig

Trotzdem beschert der Nostalgiespaziergang eine Vorstellung vom Verschwundenen

Die Regel, daß man vom historischen Stadtkern aus in neue, modern bebaute Randgebiete hinausgeht, ist in Königsberg in ihr Gegenteil verkehrt. Wer das Alte und Ursprüngliche sucht, muß an die Peripherie der Stadt und in die Vororte Moditten, Juditten, Amalienau und Maraunenhof. Dort stehen noch zweistöckige Reihenhäuser aus den zwanziger Jahren, von mehr oder

Die Springbrunnen vor dem Schauspielhaus laden zum Verweilen ein

weniger prächtigen Gärten eingefaßt, prunken sogar Villen mit buntglasverzierten Erkern und schnuckeligen Spitztürmchen an kopfsteingepflasterten Alleen. Hier hat Königsberg noch Teile seiner Identität bewahrt. Der Besucher fühlt sich, etwa in der Körteallee (ul. Kutusowa) wie durch eine Zeitschleuse um weit mehr als ein halbes Jahrhundert zurückversetzt.

Je mehr man dagegen ins Stadtinnere gelangt, desto uniformer wird Kaliningrad. Gesichtslose, bis zu 200 m lange

---

Hotel- und Restaurantpreise

Hotels
Kategorie 1: ab 300 000 Rb
Kategorie 2: 165 000 bis
300 000 Rb
Kategorie 3: bis 165 000 Rb

Die Preise gelten für ein Doppelzimmer mit Frühstück, meist mit Halbpension.

Restaurants
Kategorie 1: ab 165 000 Rb
Kategorie 2: 80 000 bis
165 000 Rb
Kategorie 3: bis 80 000 Rb

Die Preise gelten für ein durchschnittliches Menü (Vorspeise, Hauptgericht).

Wichtige Abkürzungen

Rb	Rubel	**pr.**	prospekt/Prospekt
ul.	uliza/Straße	**pl.**	ploschtschad (Platz)

Wohnburgen, die sich nur noch teilweise an den alten Straßenverlauf anlehnen, bestimmen als ungeordnete Wucherungen das Bild der Innenstadt. Vor allem älteren Besuchern, die das historische Zentrum noch aus eigener Anschauung kennen, krampft sich das Herz zusammen. Der Kneiphof, an dem die Stadtteile Kneiphof, Altstadt und Löbenicht einst harmonisch zusammenwuchsen, um die Stadt Königsberg zu bilden, ist nicht mehr auszumachen.

Es nützt nichts – Königsberg ist verschwunden. An seiner Stelle steht Kaliningrad – immerhin noch mit baulichen Resten deutscher Geschichte. Als Besucher sollte man offene Augen haben. Selbst Kasernen, seit der Eroberung der Stadt im Besitz der Roten Armee, haben noch verschlissene preußische Wappen über ihren Toren. In die zeitgenössische Architektur sind noch alte Bauten wie eingesprengt, und manche Straßen und Plätze, meist nur Teile von ihnen, zeigen immer noch die Textur einer anderen Zeit, die Gebrauchsspuren einer Geschichte unter anderem Vorzeichen. Königsberg und Umgebung abzufahren, abzulaufen, hier und da innezuhalten – das kommt einer Entdeckungsreise gleich. Je mehr Zeit man dafür mitbringt, desto mehr wird sich erschließen.

KALININGRAD

(C 4) Fünf Hochschulen, an die 30 000 Studenten, viele davon aus den baltischen Staaten und Ländern der GUS. Kaliningrad (450 000 Ew.) ist eine junge Stadt, die Zuzugsbewegung in die westlichste Großstadt Rußlands hält unvermindert an. 102 Nationen leben hier, davon 51 % Russen, 22 % Weißrussen, 7 % Ukrainer als größere Kontingente. Aber auch aus allen anderen Regionen der ehemaligen Sowjetunion stammen die Einwohner, darunter auch Juden und Rußlanddeutsche. Sie sind stolz darauf, daß es hier – anders als in Moskau oder St. Petersburg – kein Nationalitätenproblem gibt. Spöttischbewundernd werden die Kaliningrader im Riesenreich »preußische Russen« tituliert.

Die Straßen sind aufgerissen und wirken bisweilen wie zerfetzt, die alten und neuen Viertel wetteifern miteinander in den verschiedenen Stadien des Verfalls, das historische Zentrum ist weggeräumt bis auf einige kärgliche Überbleibsel, überdimensionierte Straßen enden im Nichts, Riesenplätze verbreiten Ungemütlichkeit. Doch die Menschen sind neugierig und aufgeschlossen. Trotz der offensichtlichen Mißstände befindet sich die Stadt im Aufbruch und orientiert sich dabei am Westen. Kein Wunder, liegt doch Berlin näher als Moskau. Eines Tages, so hoffen die Visionäre, wird die Oblast wie die baltischen Staaten von Rußland abfallen und zu einem unabhängigen Gebiet werden. Wenn diese Hoffnungen vermutlich auch nur Illusionen sind, so stimulieren sie doch den Fortschritt, von dem in den kommenden Jahren vor allem der touristische Sektor profitieren wird. Kaliningrad schickt sich an, wieder zur Drehscheibe zwischen Ost und West zu werden, zum Schmelztiegel ganz unterschiedlicher Mentalitäten. Bis zur Wende hatten wir hier keine Geschichte von Adam bis Potsdam, witzeln die Russen. Doch jetzt sucht die Stadt ihre Zukunft auch in der Vergangenheit, der Identitätsprozeß ist in vollem Gange.

BESICHTIGUNGEN

Nostalgiespaziergang
durchs alte Königsberg (M–P 4–6)
★ Anmutig sind sie nicht, die neugotischen Stadttore, aber vor ihrem soliden Backsteinmauerwerk kapitulierten selbst die russischen *Katjuschas*. In erstaunlich gutem Zustand brechen sie optisch heraus aus der monotonen Einheitsarchitektur sowjetischer Zeit. Doch Brandenburger und Friedländer Tor, Roßgärter und Friedrichsburgtor, Eisenbahntor und Königstor sind nicht die einzigen steinernen Zeugen festgegründeten deutschen Bauhandwerks. Obgleich Kriegs- und Nachkriegszerstörungen neben Schloß und Dom, Kirchen und der Synagoge, dem Stadttheater am Paradeplatz und den Friedhöfen, der Sternwarte und dem pittoresken Kneiphof-Viertel noch andere markante Bauten unwiederbringlich vernichteten, ist in Kaliningrad auch restauriert und instandgesetzt worden. Der Nostalgiespaziergang führt durchs ursprüngliche Zentrum. Wo das monströse Haus der Räte unvollendet vor sich hinrottet, erstreckte sich einmal, nicht ganz paßgerecht, die über 100 m lange Schloßanlage. Das Schloß war die geistige Zentrum der östlichsten deutschen Metropole, Residenz der Hochmeister des Deutschen Ritterordens und der preußischen Herzöge, Krönungsort von Königen und stattliche Herberge für Kaiser und Zaren. Ab 1257 gebaut, von mehreren Baumeistern umgebaut und erweitert, beeindruckte die Anlage durch ihre majestätischen Proportionen und ihre prachtvollen Säle. Kein Stein davon blieb übrig, bis 1969 wurden sämtliche Türme und Mauern auf persönliche Anweisung von Staats- und Parteichef Breschnjew systematisch geschleift. Wo einst die Geburtsstätte des Preußentums im Gemeinwesen mit Stolz erfüllte, befinden sich heute eine Bauruine und eine Grünanlage mit Springbrunnen. Alle Gedenksteine und -tafeln rund um diese

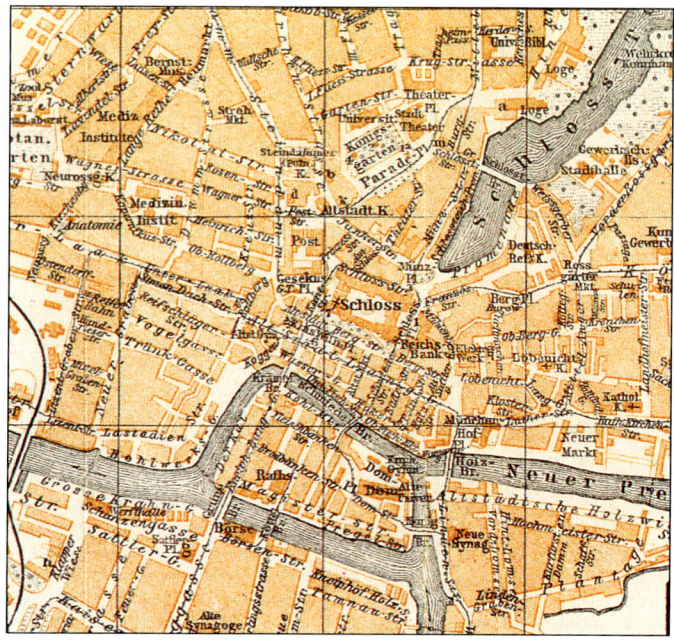

Königsberg im Jahre 1932

Brache sind verschwunden, die Denkmäler sind weg, nur die umliegenden Straßen mit ihren Geschäften sind erfüllt vom Leben der Passanten. Das Schloß war der Nullpunkt aller Chausseen Königsbergs. Der einzige Fixpunkt im Norden, der an die verschwundene Stadt erinnert, ist der Schloßteich (*Nishneje Osero*). Zwar wurden die Ufer betoniert und monoton begrünt, doch mit der rekonstruierten Stadthalle (heute Museum für Kunst und Geschichte) auf der rechten und dem Parkhotel (jetzt Verwaltungsgebäude) auf der linken Seite stellt sich eine Vorstellung vom einstigen Idyll ein. Der Schloßteich war einst Treffpunkt der Verliebten und von schönen Flanierwegen und einer gepfleg-

ten Parklandschaft geprägt. Auf einer kleinen Anhöhe auf der rechten Uferseite liegt, inmitten einer Grünanlage, ein Findling, der an einen der geheimnisvollsten Schriftsteller deutscher Sprache erinnert, 1776 in Königsberg geboren und 1822 gestorben: »Hier wohnte in der Hausnummer 25 E.T.A. Hoffmann.« Der Paradeplatz (pl. Universitetskaja) wird von vielen, die ihn von früher her kannten, nicht wiedererkannt. Die Prunkfassaden bedeutender Verlagshäuser und kultureller Einrichtungen (Stadttheater, Königshalle) sind verschwunden, an ihre Stelle sind Schlichtbauten gerückt. Immerhin steht hier wieder ein Universitätsgebäude, ein bescheidener Nachfolger seines traditionsreichen Vorgängers auf dem Kneip-hof. Ein tröstender Anblick ist die 1992 von Marion Gräfin Dön-hoff gestiftete Kantfigur vor der Universität. Die Nachbildung der von Christian Daniel Rauch geschaffenen, seit dem Krieg ver-schollenen Statue steht auf dem alten Granitsockel, der wiederge-funden wurde.

Der Leninskij Prospekt folgt dem Verlauf des ehemaligen Steindamms, bietet aber keinen vertrauten Anblick. Die Haupt-straße führt zur 520 m langen Hochbrücke, der Verbindung in den Süden der Stadt. Die Estak-dadnyj überbrückt die beiden Flußarme, Alter und Neuer Pre-gel, und das Nord- und Südufer des Kneiphofs, einst das vitale Zentrum der Stadt, heute ge-zeichnet von urbaner Leere, aus dem auf der Pregelinsel der Wildwuchs der Natur wuchert. Die Prinzessinnenstraße, wo Kant wohnte, der Kaiser-Wil-helm-Platz, das Gassengewirr – alles wegplaniert. Auch die an-mutigen Brücken über den Fluß, die, wie die Krämerbrücke, als die schönsten Deutschlands gal-ten, sind verschwunden. Am Hundegatt, der Mündung der Pregelarme, standen hochra-gende Speicher mit Fachwerkgie-beln – unauffindbar. Es waren die massierten britischen Bomben-angriffe im August 1944, denen der Großteil der Bauten zum Opfer fiel. Am südlichen Ende der Brücke steht die Börse, ge-baut im Stil der italienischen Hochrenaissance, wiederaufge-baut als Kulturhaus der Seeleute, und schon wieder in schlechtem Zustand. Doch immer noch im-ponieren die von Löwen flan-kierte Freitreppe und die Reihen der hohen Bogenfenster. Dahin-ter der Kneiphof mit der Ruine des Doms – jedem alten Königs-berger tut spätestens hier das Herz weh. Zwar wird heute von einer völligen Restauration dieses Areals geredet, doch die Stadtvä-ter haben derzeit ganz andere Probleme. Der Nostalgiespazier-gang im Herzen der Stadt ist er-schütternd, aber wer ihn mit ei-nem alten oder zweisprachigen Stadtplan absolviert, bekommt eine Ahnung davon, wie schön einst das Zentrum Königsbergs gewesen sein muß.

Dom   (O 5)

★ 88,5 m lang, 30 m hoch, innen reich ausgestattet: Die Hauptkir-che Königsbergs, mit deren Bau 1333 begonnen worden war, ver-eint verschiedene Baustile und ist das Werk von vielen Generatio-nen. Im Dom fanden bedeutende Ostpreußen ihre letzte Ruhe, wurden Kunstwerke gesammelt und war eine große Bibliothek untergebracht. Alles ging im Zweiten Weltkrieg verloren. Seit 1991 laufen Sicherungs- und In-standsetzungsarbeiten, aus der Ruine soll neues Leben wachsen. Die Front des Haupteingangsbe-reichs ist bereits saniert, der Turm wieder aufgebaut, eine Uhr schlägt den Kaliningradern die Stunden. Der Dom ist zum mar-kanten Symbol des Wiederauf-baus geworden, er steht für die Identitätsfindung dieser geschun-denen Stadt. Zwar fließen die Fi-nanzmittel nicht mehr so üppig wie noch vor Jahren, doch die Restaurierung des noch dach-losen Kirchenschiffs ist beschlos-sene Sache. Der Dom wird zu einem interkulturellen Begeg-nungsort: Neben Räumen für evangelische und russisch-orthodoxe Gläubige soll es ein Kulturzentrum für alle geben. Schon heute finden Gottesdienste in mehreren Sprachen und musikalische Veranstaltungen in diesem Provisorium statt. An seiner Nordostecke blieb wie durch ein Wunder das Grabmal Immanuel Kants erhalten. Der steinerne Sarg unter dem Portikus, in dem vermutlich nicht mehr die Gebeine des berühmtesten Königsbergers liegen, ist immer mit frischen Blumen belegt. An der Nordwestecke des Doms erinnert ein Granitfindling an Julius Rupp, der 1846 in Königsberg die erste Freie Evangelische Gemeinde gründete, ein Zeichen für die Toleranz, die in dieser Stadt herrschte, in der jeder, wie es Friedrich der Große verkündet hatte, »nach seiner Façon selig werden« konnte. Das originale Reliefbildnis von Rupp stammte von seiner Enkelin Käthe Kollwitz, einer geborenen Pregelstädterin, ging verloren und ist ersetzt worden.

Historischer Stadtviertelrundgang (M–Q 1–4)

Viel deutlicher als im Stadtzentrum ist das alte Königsberg in den nördlichen Stadtvierteln Oberteich und Maraunenhof zu orten. Es empfiehlt sich, den Rundgang am pl. Pobedy anzutreten, durch den Park hinter der Lenin-Statue zu schlendern (der zum Gelände der Deutschen Ostmesse gehörte) und über die geschäftige ul. Tschernjachowskogo und die ul. Professora Baranowa zum Oberteich (Prud Werchnij) und den Resten der Stadtbefestigung zu gelangen.

Hauptbahnhof (O 6)

1929 eröffnet, war der ursprüngliche Südbahnhof (Jushny Woksal) seinerzeit einer der modernsten europäischen Bahnhöfe. Der heutige Hauptbahnhof gehört zu den wenigen Gebäuden, in denen noch die alte Zeit konserviert ist: Sein Glasdach wurde durch ein Holzdach ersetzt, anstelle des Chronos mit den drei stürmenden Pferden von Hermann Bra-

Einst Treffpunkt für Verliebte, heute eher nüchtern: der Schloßteich

chert ist heute das Portal mit Hammer und Sichel versehen. Doch erhalten ist die Bahnhofsuhr, das breitflächige, spitzbogige Fenster mit den Travertinpfeilern, Teile des bunten Klinkers an der Vorderfront und komplett das Bahnhofsinnere mit Fahrkartenschaltern, Wartesälen und sechs Bahnsteigen. Seit 1993 fährt von hier wieder der Zug nach Berlin, nachdem die nach der Sowjetisierung auf russische Breitspur umgenagelten Gleise wieder an die europäische Normalspur angeschlossen wurden. Befremdlich mutet das Kalinin-Denkmal auf dem Platz vor dem Hauptbahnhof an. Stalins Kampfgefährte und willige Marionette, 27 Jahre lang nominelles Staatsoberhaupt der UdSSR, steht angeblich nur noch hier, weil die vielen Veteranen der Roten Armee das wollen.

Kunstgalerie (M 4)
Hier findet man Wechselausstellungen bildender Kunst, die einen guten Überblick über die russische Gegenwartskunst verschaffen. *Di–So 11–19 Uhr, Moskowskij pr. 63, Eintritt 3000 Rb*

Zoologischer Garten (L 1)
✪ ⚹ Es steht schlecht um den ältesten Zoo Europas, der womöglich bald geschlossen wird. Noch aber brüllen die Raubtiere und trompetet der Elefant. *Tgl. 9 bis 20, Kasse bis 19.30, April–Okt. bis 21 Uhr, pr. Mira 12, Eintritt 2 000, Kinder 1 000 Rb*

MUSEEN

Bernsteinmuseum (Q 1)
Informations- und Weihestätte für das Gold der Ostsee im Dohna-Turm. Anschaulich und interessant gestaltet. *Tgl. 10 bis 18 Uhr, 3000 Rb, pl. Marschala Wassilewskowo 1 (Wrangelstraße)*

Dom-Museum (O 5)
In der Sakristei, rechts nach dem Eingang, in dem während der Bombardierung etwa 300 Kinder verbrannten, ist ein kleines, provisorisches Museum eingerichtet worden. Es präsentiert die Fundstücke, die bei den Aufräumungsarbeiten entdeckt wurden: Gewölbe- und Formziegel aus deutscher Produktion sowie Ziegel mit den Krallenabdrücken von Tieren, dazu historische Fotos, Reste religiösen Inventars und ein Modell des Doms. *Tgl. außer So 9–18 Uhr, kein Eintritt, Spende erbeten*

Militärbunker (O 3)
Im unterirdischen Befehlsstand von General Otto Lasch am ehemaligen Paradeplatz wurde die Verteidigung der Festung Königsberg noch in aussichtsloser Lage strategisch fortgeführt und am 9. 4. 1945 die Kapitulationsurkunde der Königsberger Garnison unterzeichnet. In Modellen sind das alte Stadtbild, die Phasen seiner Zerstörung und Kampfszenen nachgestellt. Historische Fotos dokumentieren den Fall der Stadt, die Gefangennahme von Wehrmachtsangehörigen und das Elend der Zivilbevölkerung in der Nachkriegszeit. Laschs Zimmer ist im Originalzustand erhalten, mit der Schreibmaschine auf dem Schreibtisch wurde die Kapitulationsurkunde verfaßt, an der Garderobe hängt noch der Ledermantel des Generals. Zwischen die aufschlußreichen Dokumen-

Im gedrungenen Dohna-Turm befindet sich das Bernsteinmuseum

te sind reichlich Sowjetmilitaria gestreut. Kleiner Museumsshop mit alten Postkarten. *Tgl. 10 bis 17.30 Uhr, ul. Universitetskaja, Eintritt 5000, Kinder 1000 Rb*

Museumsschiff Witjas / Museum des Weltmeeres (N 5)

Im Foyer hängt die 2 m hohe und 4 m lange Komposition »Ozean« von Andrej Marz, einem deutsch-russischen Künstler. Der seit Mitte 1995 am Pregel-Kai liegende frühere deutsche Trockenfrachter Mars, den die Sowjets zum Forschungsschiff Witjas umbauten und der unter dem Wimpel der Akademie der Wissenschaften Hunderttausende Seemeilen durch alle Ozeane pflügte, steht für effiziente deutsche Rettungsgeschichte. Mit dem Marinetransporter, 1939 in Bremerhaven gebaut, wurden Zehntausende Deutsche im Frühjahr 1945 im letzten Moment vor den anrückenden Truppen der Roten Armee über den

Hafen Pillau in Sicherheit gebracht. Das liebevoll restaurierte Schiff soll zu einem kulturellen Zentrum werden, zu einem »Symbol für die Möglichkeit, mit der gemeinsamen europäischen Geschichte offen umzugehen«, wie die junge Direktorin, die Moskauer Meeresbiologin Swetlana Siwkowa, sagt. Neben den Darstellungen der Seetechnik stößt der Besucher hier auch auf Dokumente aus der Zeit ostpreußischer Flüchtlingstrecks. Die couragierten Initiatoren dieses Projekts laden alle noch lebenden ehemaligen Besatzungsmitglieder der Mars und die Teilnehmer der Rettungsfahrten ein, sich mit Zuschriften, Hinweisen, Erlebnisberichten, Fotos und anderen Dokumenten aus den schrecklichen Tagen des Kriegsendes bei der Direktorin zu melden, damit die Ausstellung mit Leih- oder überlassenen Gegenständen fortlaufend komplettiert werden kann. *Tgl. 10–18 Uhr,*

Nabereshnaja Bagramyana 1 (236006 Kaliningrad, Rußland, Tel. u. Fax 007/01 12/43 63 02 oder 43 27 67), Eintritt 3000 Rb

RESTAURANTS

Chorny tiulpan (L 1)

Kaukasische Küche, scharf und würzig. Zu fortgeschrittener Stunde Show im »Oriental style«. *Tgl. 12–5 Uhr, ul. 9. April 60a, Tel. 0112/45 37 71, Kategorie 2*

Flagman (N 1)

Eines der besten und teuersten Restaurants. Die Neuen Russen sind weitgehend unter sich, lassen mächtig auftafeln. Abends spielt eine Band, es wird getanzt und geflirtet. Auch seriöse und weniger seriöse Geschäftsleute geben hier ihr Geld aus. Wer sich hier ein Dinner leisten kann, heißt es, habe es geschafft. *Tgl. 12–1 Uhr, pl. Pobedy 4, Tel. 0112/ 43 35 86, Kategorie 1*

Kaliningrad (O 4)

Restaurant im gleichnamigen Hotel mit 111 hochlehnigen schwarzen Stühlen, russisch-deutscher Küche und neureichen Russen, die gelegentlich mit Rubelscheinen und Wodkagläsern um sich werfen. *Tgl. 7.30–1 Uhr, Leninskij pr. 81, Tel. 0112/46 94 88, Kategorie 1–2*

Kentaur (Q 1)

Gewölbesaal im Litauer Wall, einem Teil der alten Festung. Gute Atmosphäre, ambitionierte Küche. *Tgl. 13–2 Uhr, Litowskij wal 11, Tel. 0112/46 66 89, Kategorie 2*

Olsztyn (O)

Reverenz an die einstige Preußenstadt Allenstein, die heute zu Polen gehört. Russisch-polnische Küche, Spezialitäten Salat Olsztyn und Schnitzel in mehreren Variationen. *Tgl. 12–1 Uhr, ul. Olsztynskaja 1, Tel. 0112/44 46 46, Kategorie 2–3*

Pizzeria Italia (N 3)

❀ ☆ Ein Italiener bescherte den Kaliningradern die Pizza-und-Pasta-Küche, und findet damit großen Anklang. Wer nach Tagen russischer Küche nur mal einen Teller Spaghetti essen will, ist hier richtig. Er wird aufgetragen von jungen Mädchen, die hier ausschließlich bedienen, aber kaum ein Wort italienisch verstehen. Es gibt Salatbuffet und ita-

---

Deutsch-Russisches Haus in Kaliningrad

Die Völkerverständigung hat eine weitere Adresse: das Deutsch-Russische Haus im Osten Kaliningrads. Mit Bibliothek und Videothek ist es Anziehungspunkt für Kaliningrader aller Altersgruppen. Die Angebote sind kostenlos, das Haus steht allen offen, Nationalismus wird strikt unterbunden. Ein Russe und ein Deutscher leiten das Haus gemeinsam: Sie vertreten die Auffassung, das Kaliningrader Gebiet sei anders als alle anderen russischen Regionen, hier herrsche aufgrund der multikulturellen Zusammensetzung mehr Toleranz als in Rußland. Wer Kontakt aufnehmen will: *ul. Jaltinskaja 2a, 236001 Kaliningrad, Tel. 0112/46 96 82.*

lienische Weine. *Tgl. 10–2 Uhr,*
Leninskij pr. 27/31, Tel. 0112/
43 07 53, Kategorie 2–3

Rus (N 2)

◈ Lokal im russischen Stil und
mit russischen Spezialitäten in
der Nähe des Bernsteinmu-
seums. *Tgl. 12–24 Uhr, ul. Tschern-*
jachowskogo 78, Tel. 0112/43 65 82,
Kategorie 2–3

Universal (M 1)

Kenner der hiesigen Gastro-
Szene behaupten unisono, hier
gäbe es die beste Küche Kaliningrads. *Tgl. 12–6 Uhr, pr. Mira 43,*
Tel. 0112/21 69 31, Kategorie 1

Valencia (M 1)

Siesta im kalten Norden. Balalai-
kamusik unter Boteros üppigen
Nackten. Borschtsch und Paella.
Russische Dekoration und an-
dalusische Kacheln. Ordentliches
Angebot spanischer Weine. *Tgl.*
13–24 Uhr, Tel. 0112/43 38 20, pl.
Pobedy 1, Kategorie 1–2

CAFÉ

Elita Café (O)

◈ ⚚ Kaffee, Süßigkeiten und Imbiß im Kellergewölbe der ehemaligen Kirche zur Heiligen Familie, in der warmen Jahreszeit
auch im Freien. Die lokale Mu-
sikelite spielt gelegentlich auf.
Der Gewölbesaal erscheint sehr
romantisch und ist beliebt bei
jung und ewig verliebten Pär-
chen. *Tgl. 12–16 und 17–24 Uhr,*
ul. B. Chmelnizkogo 61 a, Tel. 0112/
44 23 70

EINKAUFEN

Akkord (M 1)

Russische Gitarren, Balalaikas,
Trompeten und manches mehr
zum Tuten und Blasen. Günstige
Preise. *Mo–Fr 10–19 und Sa 10–17*
Uhr, pr. Mira 14

Delicacies (O 4)

Hier kann der späte Ankömm-
ling sich mit dem Allernötigsten

Hommage an Allenstein (Olsztyn): das Restaurant gleichen Namens

eindecken und auch noch einen guten Wein aus mediterranen Gefilden bekommen. *Tgl. 11–3 Uhr, Leninskij Prospekt 81, rechts neben dem Eingang zum Hotel Kaliningrad*

Ital Market (O 6)

Dies ist die teuerste Boutique der ganzen Oblast, Einkaufsort der neuen Reichen, und sie wird bewacht wie eine Bank. Hochwertige italienische Schuhe und Lederwaren, Mode von Versace, Seidendessous und Pelzmäntel. Man bekommt sogar einen richtigen Espresso an der kleinen Bar, aber keine Ware gegen Kreditkarte. Wer hier kaufen will, muß es wie die Russen machen, die mit Geldbündeln erscheinen und locker fünf Millionen für einen Fummel hinblättern. *Mo–Fr 10 bis 14 und 15–19, Sa und So 10 bis 18 Uhr, ul. Bagrationa 117*

Kunstgalerie (O)

❂ Im Erdgeschoß werden sowohl Gemälde als auch Bildhauerarbeiten russischer Künstler ausgestellt, außerdem sind Bernstein- und Silberarbeiten zu bewundern. Im ersten Stock befinden sich die zumeist offenstehenden Ateliers, man kann den Künstlern bei der Arbeit zuschauen und womöglich ein noch farbfrisches Bild erwerben. *Mo–Sa 10–17 Uhr, pr. Pobedy 3*

Okean (N 2)

Delikatessengeschäft, das sich auf Meeresfrüchte (Kaviar, Kroketten, Hummer, Tintenfisch), Spirituosen (Wodka, Kognak, Wein, Sekt) und Konditoreiwaren spezialisiert hat. *Mo–Fr 10–19, Sa 10–17 Uhr, ul. Tschernjachowskogo 8a*

Rubin (N 6)

Größtes Juweliergeschäft der Oblast. Hier kaufen Braut und Bräutigam ihre Ringe und spendieren die Eltern dem Nachwuchs das erste Schmuckstück zur Jugendweihe. Nicht nur Bernstein. *Mo–Fr 10–19, Sa 10–17 Uhr, Leninskij pr. 40–42*

Tschentralny rynok (O 1–2)

❂ Zentraler Markt, größter Ostpreußens. Orientalisches Gewimmel, balkanisches Feilschen, Allround-Angebot mit sämtlichen Raubkopien von Freizeitkleidung, Turnschuhimitationen, aber echten Pelzmänteln. Selbstversorger können sich mit frischem Obst und Gemüse, Frischfisch (Aal) und Eingelegtem aus riesigen Fässern zu unschlagbar günstigen Preisen eindecken. Wer immer schon mal einen Stoffballen, Oldtimer-Ersatzteile oder eine rustikale russische Angelausrüstung erwerben wollte – so billig bekommt man es nie wieder. Man sollte schon allein wegen der Stimmung auf diesem riesigen Areal hingehen. Wer – außer bei Lebensmitteln – nicht handelt, ist selber schuld. *Mo–Sa 9–19 Uhr bzw. bis die Miliz die letzten Unermüdlichen heimschickt. Zugänge zu Markt und Markthalle: ul. Tschernochowskogo und ul. Proletarskaja*

Baltika (O)

Großhotel am Mühlenteich in ruhiger Lage. Zwei Restaurants, Souvenirshop, Sauna und Casino. Am Nachmittag entern Prostituierte die Lobby. *158 Zi., Moskowskij pr., Tel. 0112/45 35 43 oder 45 55 30, Fax 45 35 43, Kategorie 2*

Bremerhaven (O)

Klein und fein, hauptsächlich für Geschäftsleute gedacht und benannt nach den Erbauern von 1993 aus der Nordseestadt. Liegt in einem großen Park, der vom hoteleigenen Gärtner gehegt wird. Schwimmbad, Sauna, Kaminraum (mit Birkenholz beheizt wegen des Aromas) und edel furnierte Konferenzräume. Aufenthaltsraum unterm Dach in hanseatischem Flair. *8 Zi. ul. Tschapajewa 22, Tel. 0112/21 57 08, Fax 27 95 08, Kategorie 1*

Deima (O)

Neubauhotel im Süden der Stadt, nicht weit vom Hauptbahnhof. Nicht umwerfend, aber sauber und mit bewachtem Parkplatz. *48 Zi. Ul. Tolstikowa 15/2, Tel. 0112/44 92 14, Fax 44 92 00, Kategorie 2*

Hansa (P 5)

Hotelschiff unter österreichischer Leitung. Zwei Restaurants, Klubraum und andere Einrichtungen. *59 Kabinen, Nab. Bagramyana 6, Tel. und Fax 0112/43 38 06.* Noch leichter ist die Reservierung über die Buchungszentrale: *Inter-Projekt, Hörlgasse 12, A-1090 Wien, Tel. 0043/1/310 56 36, Fax 310 56 38, Kategorie 1–2*

Kaliningrad (O 4)

Größtes Stadthotel in bester Lage. Zahlreiche Dienstleistungs-Einrichtungen, u. a. ein Servicebüro, das Flug- und Eisenbahntickets ausstellt, und ein bewachter Parkplatz. Die Russen-Mafia, die eine Zeitlang in den vier Café-Bars ihr Domizil hatte, ist inzwischen weitergezogen. *240 Zi., Leninskij pr. 81, Tel. 0112/46 94 40, Kategorie 1–2*

Moskwa (L 1)

Eine der größten Herbergen der Stadt. Sehr russisch, obgleich im ehemaligen Gebäude der Nordstern-Versicherung, einem Riesenkasten. Sauna, Friseur, zwei Café-Bars und Wechselstube. *215 Zi., davon 9 sog. Luxus-DZ und 6 Luxus-EZ (Buchung empfehlenswert). pr. Mira 19, Tel. 0112/ 27 20 89 oder 27 20 65, Kategorie 2–3*

Paraiso (O)

Kleines, neues Privathotel in einem alten Villenviertel im früheren Maraunenhof. *10 Zi., ul. Turgenjewa 32A, Tel. 0112/21 69 69, Kategorie 2*

Tschaika (O)

Vorkriegshotel, von dem neben der Bausubstanz nur die alte Uhr in der Lobby blieb. Schon damals hieß es Möwe (Tschaika). Mitte der neunziger Jahre modernisiert. *24 Zi., ul. Pugatschowo 13, Tel. 0112/21 07 29 und 21 17 70, Kategorie 1–2*

CAMPING

Baltika (O)

Hinter dem gleichnamigen Hotel liegt am idyllischen Mühlenteich ein großer Campingplatz. Benutzer haben Zugang zu allen Serviceeinrichtungen des Hotels. *Moskowskij pr. Tel. und Fax 0112/ 45 35 43*

SPORT

Sportkomplex Junost (N 5)

Riesenanlage, die 1989 vollendet wurde und damals noch Olympionikenschmiede war. Überdachte Leichtathletik- und Ballspielhalle, Bodybuilding,

Kunstgymnastik. *Mo–Sa 7–22 Uhr.* Daneben liegt die Schwimmhalle mit 50 m langem Becken, verschiedenen Saunen und einem Solarium. *Mo–Sa 7–22 Uhr, Marschala Bagramyana 2, Eintritt 14 000 Rb, Sauna und Solarium 100 000 Rb.* Am Sonntag finden oft Sportveranstaltungen statt. *Information Tel. 0112/43 45 05*

Stadion Baltika (L 2)
Hier haben sich die Fußballer vom FC Baltika in die erste russische Liga geschossen. *Pr. Mira, ul. Donskogo 2, Tel. 0112/21 65 01*

Stadion Spartak (O)
Überdachte Tennisplätze, Std. ab 100 000 Rb, *ul. Tschekistow 81, Tel. 0112/21 30 83*

Hotel Tourist (O)
Heil- und Körpermassagen mit großem Entspannungseffekt. *Tgl. 15–21 Uhr, Voranmeldung über Tel. 0112/45 56 30, ul. A. Newski 53*

AM ABEND

Bingo (N 1)
❂ Bunt, schrill, exotisch. Das Restaurant wird von Donnnerstag bis Sonntag zur Disko, der DJ orientiert sich an westlichen Hitparaden. *Do–So 11–3 Uhr, pl. Pobedy 2, Eintritt 15 000 Rb*

Börse (O 6)
Abtanzen auf altehrwürdigem Parkett. In der früheren Börse, dem heutigen Haus der Seeleute, läuft freitags bis sonntags und an Feiertagen von 23 bis 3 Uhr ein Diskobetrieb. Teenies dürfen schon ab 19 Uhr hüpfen, aber nicht bis zum Ende bleiben (Verhandlungssache). *Leninskij pr. 83, Eintritt 20 000 Rb*

Disko (O)
☧ Rock und Pop in der Kirche. Das einstige evangelische Gotteshaus wurde nach dem Krieg zum Kulturhaus der Waggonfabrik. Jelzin lädt feixend zur Bar (auf dem Plakat), nachts ist es brechend voll, Anmache ist üblich und erwünscht. *Fr und Sa 22–2, So 22–1 Uhr, ul. Stanotschnaja 12, Eintritt für Frauen 10 000, für Männer 15–20 000 Rb*

Casino (M 1)
Größtes Lokal Ostpreußens, in dem man Geld ausgeben kann, um vielleicht wieder etwas davon zurückzubekommen. Blackjack, Roulette, Spielautomaten. *Tgl. 12–6 Uhr, pr. Mira 43*

Konzerthaus (O)
Die frühere Kirche zur Heiligen Familie ist heute Spielort der Staatlichen Kaliningrader Gebietsphilharmonie. Vier Orgeln, 460 Plätze, Justus Frantz und andere Gastmusiker kommen jedes Jahr. Den Eingang überwölbt eine mächtige, über hundert Jahre alte Kastanie. Nach Veranstaltungen erkundigt man sich in den Hotels, beim Staatlichen Reisebüro oder unter *Tel. 0112/44 88 90, Eintritt ab 20 000 Rb*

Megaklub (N 3)
❂ ☧ Nobeldisko mit einer Dekoration in stilisierter russischer Opulenz. Frauen zahlen 15 000, Männer 25 000 Rb, und das nach über 70 Jahren Gleichberechtigung der Geschlechter! *Fr und Sa 22–4, So 23 bis 3 Uhr, Leninskij pr. 42B, Ecke ul. Poloskaja*

Olsztyn (O)
❂ Disko-Bar, eine Etage unter dem gleichnamigen Restaurant.

Der Dom auf seiner Insel wird seit 1992 restauriert

Der DJ hockt hoch über den Tanzenden und läßt die Spotlights rotieren. *Tgl. 23–3, Do-So bis 4 Uhr, ul. Olsztynskaja 1, Eintritt 15 000 Rb*

Skala (L 2)

◆ Traditionsreichstes Kino der Stadt, 300 Plätze, früher in Plüsch und Logen, heute auf Stuhlreihen. Fast durchweg westliche Filme mit russischen Untertiteln. *pr. Mira 41, tgl. Vorstellungen ab 17.30 Uhr, Eintritt um 3000 Rb*

AUSKUNFT

Staatliches Reisebüro

Vermittelt werden Hotelzimmer, Campingplätze, Privatpensionen, Apartments mit Garage und auf Wunsch auch Kontakte zu russischen Familien und Studenten (Alter und Beruf angeben) in der gesamten Oblast. *Ul. Sergewa 14, Zi. 432, 236040 Kaliningrad, Rußland. Tel. und Fax 007/0112/ 43 08 43, Mo–Fr 9–17 Uhr*

ZIELE IN DER UMGEBUNG

Auf den Spuren Kants (B–C 3)

Kants Spuren zu folgen ist nicht einfach, denn sie sind fast alle verwischt. Die deutschen Behörden haben lange vor dem Krieg dazu beigetragen, indem sie sein Geburtshaus abreißen ließen. Sein Wohn- und Sterbehaus fiel einer Nachbarhauserweiterung zum Opfer. Neben Kants Grab am Dom und dem Kant-Museum, das derzeit geschlossen ist, aber im Dom wieder eingerichtet werden soll, gibt es eine dritte Stätte, die an den großen Philosophen erinnert, bisher aber in keinem Reiseführer verzeichnet ist: *ul. Pobedy 200* im früheren Stadtteil Moditten. Dort steht das

Haus des Försters Wobser, das *domik Kanta*, in dem der Gelehrte die Sommermonate verbrachte. Damals lag die Gegend, eine Stunde westlich von Königsberg, mitten in der Natur, heute ist sie von der Großstadt eingemeindet, der einstöckige Fachwerkbau steht an der vielbefahrenen Ausfallstraße nach Pillau, nicht weit von der Ortschaft Wismorje. Hinter dem renovierten Haus öffnet sich ein verwilderter Obstgarten, ein schmaler Pfad führt an rostigen Zäunen vorbei, von fern grüßt eine Kirchturmspitze. Das Ambiente vermittelt eine Ahnung davon, warum es Kant hier so gefallen hat. In der Nähe, direkt an der Straße, befindet sich das Restaurant *Forto-Ranta (tgl 12–24 Uhr, Tel. 0112/287 04, Kategorie 2)* unter Kiefern. Gespeist wird in Bungalows, an den Wänden hängen Geweihe und Tierfelle. Im Angebot sind mehrere Nationalküchen, u.a. gibt es scharfe usbekische Gerichte und kaukasischen Schaschlik, über dem Kaminfeuer gegrillt. Besonders stolz sind die Köchinnen auf ihr selbstgebackenes Brot.

Bagrationowsk/
Preußisch Eylau   (C 6)

An der ul. Kaliningradskaja liegt ein Findlingsblock mit der Aufschrift. »Diese Stadt wurde 1336 gegründet«. Eine Irreführung, denn der Stein stammt aus dem benachbarten Balga und hat mit Preußisch Eylau nichts zu tun. Das entstand 1325, als die Burg Yladia in einem Sumpfgebiet gebaut wurde. Die Stadtgeschichte verlief mit Käufen und Verkäufen, Bränden und Verwüstungen turbulent, 1585 erhielt das »Städtlein« erstmals ein »ge-

wöhnliches Stadtrecht«. Seine große Stunde schlug im Februar 1807, als Generalstabschef Scharnhorst – später einer der großen Reformer Preußens – gemeinsam mit den Russen in der Schlacht bei Preußisch Eylau erstmals die Franzosen in ihrem Siegeszug stoppen konnte. Es reichte dann doch nur zu einem Unentschieden. Napoleon leitete die Angriffe seines Heeres vom Turm der Kirche aus, die nur noch als Rumpfbau mit spitzbogigem Portal vorhanden ist. Der Küster hätte Gelegenheit gehabt, den Korsen einzuschließen und den preußischen Truppen auszuliefern, soll jedoch aus Feigheit zu der Tat, die Europas Geschichte anders hätte verlaufen lassen, nicht imstande gewesen sein. Das L'Estocq-Denkmal mit seinem neogotischen Gekräusel und der Kanone davor auf einem Hügel, zu dem 1856 König Friedrich Wilhelm IV. den Grundstein legte, erinnert an die bewegten und opferreichen Tage, an denen 55 000 Soldaten starben. Die Kirche wird heute, turmlos, als Fabrikhalle genutzt. Auch von der Ordensburg existieren nur noch Überbleibsel, die ebenfalls als Fabrikhallen Verwendung fanden.

Das Regionalmuseum ist in der ersten Etage des ehemaligen Landratsamtes untergebracht *(ul. Kaliningradskaja, Mo, Di und Fr 10–12 und 14–17, Sa 10–14 Uhr, Eintritt 2500 Rb)*. Übernachten kann man im Hotel *Bagrationowsk*, dem blauen Gebäude am Zentralplatz *(24 Zi. Tel. 8-256/621 47, Kategorie 3)*, essen im Restaurant *Niwa (tgl. 12–24 Uhr, ul. Zentralnaja 2, Tel. 8-256/633 58, Kategorie 2)*.

Gwardejsk/Tapiau (D 4)

★ Die Stadt (25 000 Ew.) fast genau im geographischen Mittelpunkt der Oblast gilt als jene mit der besterhaltenen Innenstadt aller nordostpreußischen Städte. Tapiau war nach der Vertreibung der Pruzzen durch die Kreuzfahrer um 1255 zur massiven Festung gegen die allfällige Litauergefahr errichtet worden. Der Burgbau wird heute als Gefängnis genutzt, er war schon in preußischer Zeit Besserungsanstalt. Die Stadt hat Glück gehabt: Im Ersten Weltkrieg völlig zerstört, wurde sie 1921 neu aufgebaut. Der Zweite Weltkrieg ließ sie größtenteils verschont. Gwardejsk (von *gwardia* = Garde) ist Garnisonsstadt mit vielen Kasernen, und Militärs waren in der Sowjetepoche privilegiert. Davon hat die Stadt profitiert. Das Rathaus von 1922 ist in recht gutem Zustand, auch Bürgerhäuser sind zahlreich, Villen vereinzelt vorhanden. Die Pfarrkirche stammt vom Anfang des 16. Jhs. und war vom größten Sohn der Stadt, dem Maler Lovis Corinth (1858 bis 1925), mit einem dreiteiligen Altarbild beschenkt worden. Das Kunstwerk ist seit der Auslagerung verschollen. Corinths kleines Elternhaus an der Deime wird renoviert und soll zur Gedenkstätte für den bedeutenden Vertreter des Impressionismus werden. Die sanierte Kirche ist Versammlungsort der Russisch-Orthodoxen. Logieren kann man im Hotel *Gwardejsk* am Rathaus *(ul. Telmana 14, Tel. 8-259/25 41, Kategorie 3)*, essen in den Cafés am *pl. Pobedy.*

Mamonowo/Heiligenbeil (A 5)

Der Kampf um diese Stadt (12 000 Ew.) war 1944 eines der erbittertsten Gefechte in Ostpreußen. Otto Lasch sprach vom »Heiligenbeiler Kessel«, in dem die Reste der vierten deutschen Armee aufgerieben wurden. Die gesamte Innenstadt wurde dabei vernichtet. Vor dem Krieg war Heiligenbeil ein wirtschaftlich blühender Standort. Der Reichtum fand Ausdruck in einer Reihe prachtvoller Straßenzüge, flankiert von klassizistischen Bauten. Davon ist fast nichts mehr übrig außer dem neugotischen, 1563 gegründeten St.-Georgs-Hospital, das 1900 erweitert und umgebaut wurde, am pl. Pobedy mit der Gedenkstätte für die russischen Gefallenen, dem früheren Feyerabendplatz, und den Backsteinbauten des Post- und Telegrafenamtes von 1880

Der wunderliche Gelehrte

Immanuel Kant war nicht nur ein großer Philosoph, sondern auch ein penibler Organisator des Alltags. Jeden Tag um Viertel vor fünf ließ er sich wecken. Nachmittags ging er regelmäßig auf den gleichen Wegen spazieren, weshalb die Route »Philosophendamm« genannt wurde. Auch das Liebesleben war geregelt: Es fand nicht statt. Obwohl es zwei Frauen gab, die Kant heiraten wollten. Er zögerte und verwarf dann die Angebote, indem er sich tröstete, »daß unverehelichte alte Männer mehrenteils länger ein jugendliches Aussehen erhalten als verehelichte«.

(altes Posthorn am Giebel) und des Amtsgerichts von 1929 in der ul. Zentralnaja. Einen Imbiß nehmen kann man im *Neptun (tgl. 12–24 Uhr, pl. Pobedy, Kategorie 3).*

Prawdinsk/Friedland   (D 5)

★ Endlich ein Lichtblick: Friedland (5 000 Ew.) empfängt den Besucher mit einem vertrauten Anblick. Nach den vielen lieblosen Wohnbauten der anderen Städte hat man beinah den Eindruck, einen Rest heiler ostpreußischer Welt zu betreten. Erstmal durchatmen! Das gibt es also noch, ein fast geschlossenes Bauensemble mit Seufzerbrücke und Wasserturm, Backstein- und Fachwerkhäusern, Kirche, Gassen und Mühlenteich, auf dem bunte Kähne dümpeln. Am ehemaligen Marktplatz hat das Kaufmannshaus sogar noch eine deutsche Aufschrift. Friedland liegt an der Alle/Lawa, dem längsten Nebenfluß des Pregel. Es wurde vermutlich 1335 angelegt zum Schutz des Flußübergangs. Mehrmals zerstört – von Litauern, dem Deutschen Orden, Schweden, Russen und Napoleons plündernden Soldaten –, wurde es nach jeder Katastrophe wiederaufgebaut. Der letzte Krieg ging nicht spurlos an der Stadt vorüber, aber sie konnte ihr Gesicht bewahren. Sozusagen die Stirn davon ist die St. Georgs–Kirche auf dem Wollberg, ein wuchtiger Backsteinbau mit markanten Giebeln, spätgotisch und dreischiffig – in der heutigen Form Mitte des 15. Jhs. nach Zerstörungen entstanden –, einst Teil der Stadtmauer. Die kostbare Innenausstattung mit viel Holzschnitzwerk ging verloren, doch die Lagerhallenzeit ist zu Ende.

Heute gehört die Kirche den Russisch-Orthodoxen, eine Totalsanierung soll in Angriff genommen werden. Übernachtungsmöglichkeit im kleinen Hotel *Prawdinsk (14 Zi., ul. Torgowaja 16, Tel. 8-257/212 37, Kategorie 3).* Verpflegen kann man sich tagsüber an den Kiosken am Marktplatz.

Schelesnodoroschnyj/ Gerdauen   (E 6)

Die Stadt (3 000 Ew.) am Omet, einem Nebenflüßchen der Alle, ist 1315 erstmals erwähnt, 1325 erhielt sie den üblichen Burgbau des Ritterordens. Ihr heutiger Name bedeutet »Eisenbahn«, weil sie im Schnittpunkt mehrerer Gleisstränge liegt. Sie ist aber als Grenzort kein Verkehrsknotenpunkt mehr. Die Beschädigungen im Krieg fielen nicht so stark aus wie in anderen ostpreußischen Städten. Viele alte Häuser stehen noch, oft allerdings in schlechtem Zustand und nicht mehr wie ursprünglich genutzt. Das ehemalige Kreishaus mit dem weißen Säulenportikus zum Beispiel beherbergt heute Waisenkinder, im Bahnhof sind Läden untergebracht. Immerhin kann der Besucher noch durch Altstadtgassen spazieren, die Pfarrkirche aus dem 15. Jh. betrachten, die wieder hergerichtet werden soll, und sich an alten Laubenhäusern erfreuen. Im Tiefenseeschen Garten am Ufer des Banktinsees steht das Kulturhaus, in dem es auch eine Heimatstube mit Ansichten, Plänen und Dokumenten zur früheren Kreisstadt gibt, von alten Gerdauern eingerichtet *(tgl. 10–19 Uhr).* Vom Schloß im Nordosten der Stadt ist nur das Haupttor erhalten.

Schinkels Leuchtturm grüßt

In der Isolation hat sich ein einzigartiges Biotop entwickelt

Dieser Region verdanken Hunderttausende ihr Leben. Als die Rote Armee am 13. Januar 1945 den Angriff auf Ostpreußen begann, wurde Pillau, der Vorhafen Königsbergs, verbunden mit der Stadt durch einen 34,5 km langen Seekanal, zum größten Fluchthafen der Weltgeschichte. Bis zum 25. April wurden hier Flüchtlinge zum Abtransport per Schiff in den rettenden Westen verladen. Manche warteten wochenlang und durchschritten sämtliche Kreise der Hölle. Tausende schafften es nicht auf die bis zum Rand gefüllten Schiffe oder kamen, scheinbar schon in Sicherheit, bei den Fliegerangriffen zu Tode. Insgesamt wurden 625 000 Menschen, darunter 451 000 Zivilisten und 141 000 Verwundete, in einer Großaktion der deutschen Kriegsmarine gerettet. Seitdem Pillau gefallen war, ist es militärisches Sperrgebiet der Russen, in Baltijsk umbenannt und zum Kriegshafen für die Baltische Flotte ausgebaut. Wer die Stadt und den gekrümmten Finger der Frischen Nehrung betreten will, braucht eine Sondergenehmigung (Staatliches Reisebüro Kaliningrad). Es lohnt sich, sie zu beantragen, denn man betritt dann ein Gebiet, das durch seine jahrzehntelange Abriegelung zu einem einzigartigen Biotop geworden ist. Zwischen Ostsee und Haff sind die Mischwälder voller Stille. Wollgras, Wiesenschaumkraut, Schafgarbe, Schilf und Röhricht weben riesige grüne Teppiche, und die Vögel trillern hier so energisch und hingebungsvoll, wie man es zu Hause schon lange nicht mehr vernommen hat.

BALTIJSK/PILLAU

(A 5) Das Wahrzeichen Pillaus, der schlanke, 32 m hohe Leuchtturm – nach einem Entwurf von Schinkel seit 1813 in Betrieb – steht noch. Für die Flüchtlinge war er der letzte Anblick ihrer Heimat. Fast alle übrigen markanten Bauwerke fielen bei dem pausenlosen 48stündigen Artillerieangriff, der am 25. April 1945 endete, in Schutt und Asche. Der gesamte Stadtkern wurde von einer Feuerwalze überrollt, von See aus sahen die letzten Flüchtlinge Pillau

Frisch getünchtes Wahrzeichen:
Der 32 m hohe Leuchtturm Pillaus
weist Seefahrern seit 1813 den Weg

MARCO POLO TIPS FÜR PILLAU, SAMLANDKÜSTE UND FRISCHES HAFF

1 Schiffahrt im Haff vor Pillau
Ungewöhnlicher Blick auf Stadt und abgehalfterte Ostseeflotte (Seite 52)

2 Palmnicken
Größte Bernsteinmine der Welt, breitester Strand der Samlandküste (Seite 55)

tagelang wie eine Fackel lodern. Die Sowjetisierung veränderte die Stadt: Sie wurde nicht wieder auf-, sondern neu gebaut – ganz und gar nicht zu ihrem Vorteil. Etwa 150 Kriegsschiffe der Baltischen Flotte liegen heute im Hafen, dem einzigen ganzjährig eisfreien Hafen Rußlands. Dazu gehören 30 000 Mannschaftsangehörige und 11 000 Offiziere. Als Kriegsmarinehafen ist Baltijsk (30 000 Ew.) für Moskau im gesamten Ostseeraum von besonderer geostrategischer Bedeutung, vor allem seitdem Polen in die Nato strebt und der Militärblock nach dem Beitritt gleich hinter der russischen Grenze beginnen würde. Diese Situation prägt die Stadt.

BESICHTIGUNGEN

Schiffahrt mit der Fähre über das Haff

★ Wer auf dem Landweg gekommen ist, glaubt vom Wasser aus eine andere Stadt zu sehen – so dominant ist der Eindruck des Schinkel-Leuchtturms über den Schiffen am Hafen. Der Hafen entstand, wie die Stadt, nach 1497, als zwischen Haff und See der Durchbruch hergestellt worden war. Das machte »die Pille« strategisch interessant. König Gustav Adolf von Schweden ließ

1626 eine Festung errichten, die heute nur von außen zu besichtigen ist, weil darin ein Flottenstab einquartiert ist. Knapp zwei Jahrhunderte wurde an der Zitadelle weitergebaut, 1812 wurde sie das einzige Mal erobert – von den Truppen Napoleons. Der große Förderer Pillaus war Friedrich Wilhelm, der Große Kurfürst (1620–1688), der das Städtchen zum Standort der brandenburgisch-preußischen Flotte ausbaute. Sein Denkmal, das vor dem Leuchtturm stand, befindet sich heute in Eckernförde; auf dem Sockel steht die obligatorische Leninstatue. Makaber ist der Anblick der Ostseeflotte, die einst der Stolz der Sowjetunion war: eine Mischung aus Sciencefiction-Filmkulissen und unfaßbarem Schrotthaufen. Zerstörer, Raketenkreuzer, Schnellboote, Luftkissenfahrzeuge – unheimlich wirkende Ungeheuer mit überdimensionierten Düsen und Propellern, eine graue Armada, die für Offensivstöße gebaut wurde und nun, halbversunken und verrostet, wie eine Gespensterflotte auf Sand gelaufen ist. Doch zwischen der Unordnung der Hafenanlagen und dem verwahrlosten Aussehen des Schiffsfriedhofs setzt die ostpreußische Küstenlandschaft ihre im Sonnenschein aufblinkenden Akzente: grüne Wiesen, dunkle Wälder, vereinzelte Bauernhäuser aus der Vorkriegszeit mit typisch niederdeutschen Dächern. Der Schiffsausflug dauert 30 Minuten und kostet 10 Mark.

Stadtrundgang

Der Zitadelle kann man sich bis zum Tor nähern, auch Leuchtturm und Brotfabrik, zwei der ältesten Gebäude, sind nur von außen zu besichtigen. Auf dem früheren Marktplatz ist der Rest des Springbrunnens erkennbar. Die reformierte Kirche ist heute Gotteshaus der Russisch-Orthodoxen, das Offizierskasino Haus der Kultur. Einige Kasernen und Verwaltungsgebäude stehen noch. Der Rest ist die Tristesse einer von Uniformen sowie überall herumstehenden alten Panzern und Kanonen geprägten Stadt. Nicht einmal die ursprüngliche Straßenführung im Zentrum ist noch auszumachen. Aber allein wegen des Schinkelschen Leuchtturms, der bunt im Sonnenschein grüßt, hat sich die Reise gelohnt.

MUSEUM

Museum der Baltischen Flotte

Die zur See gebrachte Sowjetpracht stellt sich dar. Es gibt auch Führungen mit Vortrag. *Mi–Sa 9.30–12 u. 14–17 Uhr, ul. Kronstatskaja, Eintritt 7500, bei Führung und Vortrag 15 000 Rb*

RESTAURANTS

Café Magister

◈ Speisen im Gebäude der Stadtverwaltung, vor allem Fischgerichte. *Tgl. 12–24 Uhr, ul. Lenina 1, Kategorie 2*

Na Kroju Rossija

Das Restaurant »Am Rande Rußlands« gehört zum Hotel 2491 und ist *tgl. 12–15 sowie 17–1 Uhr geöffnet, Morskoj Boulevard 6, Tel. 8-245/200 58, Kategorie 3*

HOTEL

Hotel 2491

Das Haus direkt am Hafen hat schon bessere Tage gesehen, als

Die Zitadelle von Pillau: Eintritt (noch) nicht gestattet

es noch unter *Anker* firmierte. Einfache Ausstattung. *20 Zi., Morskoj Boulevard 6, Tel. 8-245/200 58, Kategorie 3*

AM ABEND

Baltischer Matrosenklub

Außen sehr sowjetisch, innen etwas muffig. Aber lauter schicke Russinnen und schmucke Matrosen. Im ehemaligen Nonnenkloster und späteren Jungengymnasium ist ein Café untergebracht *(tgl. 18–22 Uhr)* und eine Disko *(Sa und So, 22–2 Uhr, Eintritt 4 000 R.), ul. Krasnaja Armija 4*

ZIELE IN DER UMGEBUNG

Primorsk/Fischhausen   (B 4)

Das historisch bedeutsame Städtchen (2 000 Ew.) wurde im April 1945 ausgelöscht. Bei keinem einzigen Gebäude im Zentrum blieb ein Stein auf dem anderen. Auch der Hafen an der Fischhausener Wiek ist verödet. Einzig der Bahnhof und einige alte Gebäude rings um ihn herum bekunden die alte Zeit. Auch der alte Wasserturm ist noch da. Fischhausen, 1299 gegründet, war eine der ältesten Kreisstädte Ostpreußens. Die 1315 erbaute Kirche, die nicht mehr existiert, bewahrte dem heiligen Adalbert, 997 als Märtyrer gestorben, und dem einzigen Bischof von Preußen, Georg von Polentz – der als erster Bischof mitsamt seinen Gläubigen zum Protestantismus übergetreten war–, ein Andenken. Auf der Fahrt über die Straße nach Pillau kommt man durch Pawlowo/Lochstädt, wo

Nicht schön, aber effektiv: Bernsteintagebau bei Palmnicken

noch die Ruine der 1945 zerstörten Burg des Deutschen Ordens zu sehen ist, die 1624 an dieser Stelle entstanden war.

Jantarnyj/Palmnicken (A 3)
★ Noch 300 Jahre, haben russische Wissenschaftler ausgerechnet, sollen die Vorräte reichen: 94 Prozent der Weltproduktion an Bernstein stammt aus dem hiesigen Bernsteinwerk. Seit 1872 wird das Samländische Gold hier im Tagebau gefördert, rund 700 Tonnen Rohbernstein im Jahr, soviel wie vor dem Krieg. Bis zu 70 Millionen Jahre alt sind die Steine, die in 250 Arten vorkommen und besonders teuer sind, wenn sie Einschlüsse aufweisen, also Insekten, Blüten oder Holzstückchen seit Jahrtausenden in sich tragen. Allerdings sind die Stücke mit solchen Inklusen äußerst rar. Im Ausstellungsraum des Bernsteinwerkes sind einige zu bewundern. Auch die Produktionsstätten der größten Bernsteinmine der Welt können besichtigt werden, ebenso die über 50 m tiefen Gruben, durch einen Deich vom Meer getrennt, aus denen die »blaue« Erde ausgebaggert und umgewälzt wird. Die Genehmigung muß beim Staatlichen Reisebüro in Kaliningrad oder vor Ort besorgt werden. In Palmnicken ist sonst kaum noch etwas sonderlich sehenswert, allenfalls bietet sich ein Spaziergang am Sandstrand an, dem breitesten an der ganzen Samlandküste.

Reisebüro Goldene Orchidee
Wer keinen Arbeitsplatz hat, der erfinde sich einen, sagten sich drei Frauen, die nach der Wende mittellos wurden. Unter Leitung von Tatjana Kolokolzewa gründeten sie ein Reisebüro und sind inzwischen – gemeinsam mit einigen freien Führerinnen – unentbehrliche Helferinnen für die Touristen geworden. Sie organisieren nicht nur Stadtrundgänge, sondern z.B. auch Schiffsfahrten auf dem Haff, Ausflüge mit Picknick an die Haffseite der Frischen Nehrung und an die Ostseeküste. Zwar hapert es noch an Fremdsprachenkenntnissen, aber das wird durch Herzlichkeit ersetzt. *Halbtagestour ab 25 Mark. Tel. und Fax 8-245/210 98 und Tel. 220 16 (deutsch oder englisch).* Die Anmeldung ist auch über Kaliningrad möglich: *Tel. 0112/43 67 15.* Individualreisende sollten 4–6 Tage vor Anreise per Fax ihre persönlichen Daten übermitteln: Name, Vorname, Paßnummer, Geburtsort, Autokennzeichen. Der Passierschein ins militärische Sperrgebiet kostet 10 Mark. In Ermangelung eigener Büroräume treffen sich die Mitarbeiterinnen mit ihren Gästen entweder am Kontrollpunkt bei der Stadteinfahrt oder am Schiffsanlegeplatz an der Mole.

Firma Shturman
Eine ganztägige Schiffsreise von Kaliningrad über den Pregel und das Frische Haff nach Pillau und zurück mit dem Motorschiff Rakete kostet 35 Mark, ein Mittagessen ist im Preis inbegriffen. Zwischenstopp auf der Grünen Insel/Pribreshnaja kosa mit ihrem Kiefernwald. *Tel. 0112/46 75 77, Schiffsanlegeplatz Prawaja Nabereshnaja.* Die Einreiseformalitäten erledigt das Unternehmen *(10 Mark pro Person).*

Zum Lachen und zum Weinen

Ein verschwundener Marktplatz, verschwundene Pferde und ein wiedergefundener Elch

Dort war der Himmel / aufgetan, in der Farbe des Kinderhaars. / Schöne Erde Vaterland«, so dichtete Johannes Bobrowski. Die Alleen im Südosten des Kaliningrader Gebiets sind ganz besonders schwungvoll und von mächtigen Bäumen überschattet, die Augen der kleinen Seen und Gewässer blinken aus den Wäldern, Kühe und Federvieh sind überall in großen Mengen zu sehen. Aber auch militärisches Gerät, vor allem im Raum Insterburg–Gumbinnen, ist sehr oft von den Straßen aus zu sichten. Feldflugplätze mit Militärflugzeugen und Kampfhubschraubern, Hunderte zumeist verrotteter Panzer auf Arealen unter freiem Himmel, Funk- und Radarstationen und viele Kasernen in den Städten. Inmitten der ungezähmten Schönheit der Natur, die hier ihre Blüten treiben kann wie sie will, zeigt sich, daß die Kaliningradskaja Oblast die gewaltigste Konzentration militärischer Kräfte in Europa ist.

Das Landstallmeisterhaus in Trakehnen – die Erinnerungen an die großen Zeiten verblassen

GUSEW/GUMBINNEN

(G 5) ★ Das waren noch Zeiten, als der ostpreußische Humor so klang: Er: »Frailein, se send so scheen, se kennten en Schwan sein.« Sie: »Ach nai, dem janzen Tach mettem Bauch em kalten Wasser.« Kalt geworden ist manchem Gumbinner bei der Vorstellung, sich mit den Kaliningradern anzulegen, die nach dem Krieg ihren Elch, das Wahrzeichen der Stadt, verschleppt hatten. Doch einige Mutige taten sich schließlich zusammen, fuhren per Lkw in den Kaliningrader Zoo und montierten in einer Nacht-und-Nebel-Aktion die Skulptur von Ludwig Vordermaier, 1911/12 geschaffen, ab, um sie in die Heimatstadt zurückzuverfrachten, wo sie in einer Grünanlage an der ul. Pobedy einen neuen Platz fand (der ursprüngliche Standort ist durch ein russisches Denkmal blockiert). Als die Hauptstädter aufwachten, standen sie vor vollendeten Tatsachen – und die ganze Oblast lachte. Am alten Sockel behauptet eine Tafel, der Schaufler sei den Bürgern von Gusew zurückgegeben worden – nochmal

Grund zum Ablachen. Die Gusewer besitzen den Gumbinner Humor. Im Land der Stagnation gehört die Provinzzentrale (35 000 Ew.) zu den Orten, in denen der Besucher sofort das Gefühl hat, es geht langsam wieder bergauf mit der Wirtschaft und dem Lebensstandard. Gumbinnen, für Preußens Friedrich Wilhelm I. das »Potsdam des Ostens« und von ihm 1724 zur Stadt erhoben, war immer schon und ist jetzt noch zentraler Verwaltungssitz, einst eines Regierungsbezirks, heute des Rayons. 1911 wurde die Neue Regierung gebaut, immer noch ein stattlicher Bau, topsaniert, in der neuen Zeit zur Bank avanciert. Die Menschen dieser Stadt haben ihren eigenen Stolz. Das scheint sich auf die Eigeninitiative auszuwirken, die hier beherzter ausfällt als anderswo. Und es fällt sehr angenehm auf, daß hier mehr gelacht wird.

BESICHTIGUNGEN

Stadtrundgang

Neusiedler aus Mitteleuropa haben diese Stadt geprägt: Schweizer, Salzburger, Nassauer, Pfälzer, Magdeburger. Wegen seiner vielen litauischen Bürger trug die Stadt den etwas ungelenken Beinamen »Preußisch Litthauen«. Die liberale Politik der Preußenkönige bescherte der Stadt eine gesunde Bevölkerungsdurchmischung. Friedrich Wilhelm I. gab 1723 Anordnung, die Stadt in einem strengen Muster aufzubauen: alle Straßen gingen im rechten Winkel vom Marktplatz ab. Dennoch hatte Baudirektor Schultheiß von Unfried freie Hand, Gumbinnen großzügig anzulegen. Die Stadt hat Straßen wie eine Metropole, allerdings sind sie nicht mehr gesäumt von ambitionierten Häuserzeilen. Gumbinnen hatte 1944 schwere Bombenangriffe zu überstehen, denen hauptsächlich Wohnhäuser zum Opfer fielen. Auch öffentliche Gebäude in der Innenstadt sind verschwunden: Kirchen, der Kinopalast. Völlig wegplaniert und mit Wohnblocks besetzt wurde der Soldatenfriedhof für die Gefallenen des Ersten Weltkriegs. Die Kirche der Salzburger beim Hospital an der heutigen ul. Mendelejewa, ein Bau von 1840 – der Ursprungsbau stammte von 1754 –, ist mit großem Aufwand wiederhergestellt worden und im Einheitslook sowjetischer Wohnmaschinen ringsumher eine wahre Augenweide. Die frühere Salzburger Altstadt, ein kleines Gassenviertel, nach dem Krieg weggewalzt und mit Neubauten zugestellt, ist verloren. Ersatz für die willkürlich und sinnlos mit der Abrißbirne beseitigten Gebäude hat die Stadtverwaltung zugesagt. Aus einem verbliebenen Altbau neben der Kirche wird ein multifunktionales Zentrum mit Museum, Bibliothek und Sozialstation. Bielefeld, Partnerstadt von Gusew, hilft finanziell mit. Sie sind eben etwas anders, die Gusewer: Sie packen die Dinge an. Wie die Gumbinner, die im vergangenen Jh. bei ihrem König vorstellig wurden, weil sie es nicht mehr ertragen mochten, daß ausgerechnet ihr Fluß Pissa hieß. Friedrich Wilhelm IV. soll gelächelt und geantwortet haben, man könne den Fluß ja in Urinocko umbenennen. Auch damals wurde in Gumbinnen gelacht. Der Fluß, an dessen Uferpartie man unter hohen Bäumen entlangspazieren kann, behielt seinen Namen.

MUSEUM

Heimatmuseum

In der einstigen Villa der Unternehmerfamilie Stapelmann werden Stadt- und Kreisentwicklung dargestellt. *Mi–So 12–16 Uhr, ul. Malachowa 10, Eintritt 2500 Rb*

RESTAURANTS

Gloria

Sauberes, helles Restaurant mit zwei bewährten Köchen, und der strohblonde Chefkellner Wolodja sieht aus wie ein Klischeerusse. Bestes Restaurant am Platz. Abends kommt das Jungvolk an die 🍸 Bar. *Tgl. 12–24 Uhr, ul. Pobedy 5, Tel. 8-243/334 25, Kategorie 2*

Kosmos

◈ Typisch russisches Lokal mit Fleischbergen auf den Tellern und Tanzmusik auf der Bühne. *Mo–Sa 18–24 Uhr, pr. Lenina, Tel. 8-243/35 65, Kategorie 2–3*

Gemüsestand in Gumbinnen

Die Gumbinner behaupten, das beste Schwarzbrot der Oblast zu backen. Wer sich davon überzeugen will, kann zur Verkostung in die Bäckerei an der *ul. Bagrationa* gehen *(Mo–Sa 10–19 Uhr)*.

UNTERKUNFT

Rossija
Ziemlich abgetakeltes Hotel, *34 Zi., ul. Kosmodemjanskoj 2, Tel. 8-243/308 72, Kategorie 3*

AUSKUNFT

Die Mitarbeiter des *Ost Reise Service,* Romana und Anatoli, erteilen gern Auskunft in deutscher Sprache: *Tel. 8-243/320 67.* Auch Vermittlung von Privatunterkünften.

ZIELE IN DER UMGEBUNG

Jasnaja Poljana/Trakehnen (H 5)
In Ostpreußen erzählte man gern die Geschichte vom Reichsdeutschen, der zum ersten Mal zu Besuch kommt und fragt, was er denn unbedingt von diesem Land wissen müsse. Die Antwort der Einheimischen: Man muß wissen, wer Tempelhüter ist, und dann noch ein bißchen über Kant. Tempelhüter war der berühmteste Deckhengst des Gestüts Trakehnen, der so erfolgreich für Nachwuchs sorgte, daß man ihm 1932 ein eigenes Denkmal in Bronze setzte. Die ostpreußische Pferderasse, als Züchtung von Friedrich Wilhelm I. 1732 in Auftrag gegeben, tauglich für die Kavallerie, den Pflug und internationale Reitturniere, besaß als Brandzeichen die Elch-schaufel. Der Vierbeiner war hochgewachsen, schön, ausdauernd, schnell, stark, dabei leicht im Training, und das ohne zu schwitzen (weil er aus einer besonderen Trakehner Quelle getränkt wurde). Die Ortschaft Trakehnen wurde zu diesem Zweck überhaupt erst angelegt, in einem versumpften Gebiet zwischen Gumbinnen und Stallupönen, das man sorgsam entwässerte und rodete. Marion Gräfin Dönhoff hat das so kultivierte Land beschrieben: »Eine herrliche Landschaft, alte Alleen, weiß gestrichene Koppelzäune, grüne Wiesen und edle Pferde, so weit das Auge schweifte.« So weit das Auge heute schweift: Trakehner sind nicht mehr zu sichten. Die 150 m langen Ställe, eigentlich Pferdepaläste, 1901 errichtet, sind leer, die weißen Pavillons, in denen die Deckhengste zur Schau gestellt wurden, verwittert. Wiesen und Weiden sind verschwunden, nach dem Zusammenbruch des Entwässerungssystems erstreckt sich links und rechts der Straße versumpftes Brachland. Das Land verwildert mit blauen Lupinen und weißer Schafgarbe, mit schnell treibenden Birken, Gras und Gestrüpp. Jasnaja Poljana (1500 Ew.), was mit »Helle Lichtung« zu übersetzen ist, ist ein brackiges, heruntergekommenes Dorf. Und am Sockel des Tempelhüter-Denkmals prangt ein roter Sowjetstern: Die Pferdestatue wurde 1945 von der Roten Armee als Kriegstrophäe nach Moskau gebracht. Am Verschwinden der Trakehner sind die Deutschen schuld. 1944 gab es noch 1115 dieser edlen Pferde, aber sie wurden nicht rechtzeitig evakuiert. Als sie endlich im

Treck auf die Flucht geschickt wurden, war es für die meisten zu spät. Nur 28 Trakehner sollen lebend den Westen Deutschlands erreicht haben.

Iwan Nikititsch Makejew war als Lehrer und linientreuer Genosse zuletzt Mitarbeiter des Volksmuseums mit einem besonderen Faible für die Kreuzung des ostpreußischen Pferdes mit englischem Blut. Die Russen hatten nach Kriegsende die Auslöschung der Rasse angeordnet, die letzten zurückgebliebenen Trakehner wurden zu Fleischwaren verarbeitet. Makejew fing früh an, historische Details zusammenzutragen, und als er seinen Posten im Museum quittieren mußte, ließ es, er könne den »deutschen Krempel« gleich mitnehmen. Das tat er, und baute daraus ein privates Gestüt-Museum in seiner Wohnung in einem der ehemaligen Kutscherhäuser auf (ul. Schkolnaja 2). Seine Sammlung rund ums Trakehnerpferd und über 260 Jahre Zuchtgeschichte ist interessant – zu ihr gehören Dokumente des letzten Landstallmeisters und Briefe des Lehrers Fritz Alshuth, der den Trakehner-Marsch komponiert hat –, richtig spannend wird es aber, wenn die Kommunikation gelingt (Makejew spricht nur russisch) und in den Einlassungen des Hobby-Historikers sich Aufklärerisches mit Anekdotischem mischt. Makejew führt auch gern über das Areal des Gestüts, mustergültig angelegt und beklagenswert verfallen, zu dem einst 16 Vorwerke und insgesamt 6021 ha Land gehörten. Wer über Nacht bleiben will, dem steht das Landgasthaus Zur Alten Apotheke – bisher einziges wiederhergestelltes altes Gebäude – zur Verfügung (3 Zi., ul. Centralnaja 21A, Tel. 8-244/934 82, Fax 934 16, Kategorie 2). Das von Rußlanddeutschen geführte Haus ist topsaniert, sehr sauber und hat auch das beste Restaurant (tgl. 12–22 Uhr, Kategorie 2), im Sommer mit Biergarten. Das Café Elch, schräg gegenüber, muß sich noch mit einem Provisoriumsbau begnügen, bietet aber einen Imbiß an (tgl. 8–19 Uhr, Kategorie 3).

Krasnolesje / Hardteck   (H 6)

Die Fahrt zu dem ehemaligen Kirchdorf (500 Ew.), dessen 1873 aus Mitteln einer Stiftung Kaiser Wilhelms I. erbaute Kirche zerstört ist, führt mitten durch die Rominter Heide, ein grünes Gebiet, das in den letzten Jahrzehnten ungehindert seine Tentakel in Richtung Norden und Nordwesten ausstrecken konnte und teilweise Urwaldcharakter besitzt. Viel alte Bausubstanz ist erhalten geblieben, verwitterte deutsche Aufschriften sind noch auszumachen, das Kriegerdenkmal mit Eisernem Kreuz zu Ehren der Gefallenen des Ersten Weltkriegs steht mitten auf der Straßenkreuzung in einer Grünanlage. Herbert Krech, ein zugezogener Deutscher, gründete die Firma Rominten (nach der Ortsbezeichnung ab 1938, Groß Rominten) und hilft sozial gefährdeten Kindern und Jugendlichen aus Problemfamilien. Sie betreuen seine Tiere und arbeiten in seiner Holzwerkstatt. Die Holzarbeiten – Tierimitationen, Kästchen, besonders schöne Schemel aus Birkenholz und Stühle – werden sehr günstig an Touristen verkauft (ul. Sasnowaja 1, Tel. 8-244/933 31).

Tollmingen: Großer Bahnhof nur noch für die Schafe

Osjorsk / Darkehmen (G 5)

1886 war die Stadt für kurze Zeit berühmt: sie hatte als erste in Deutschland eine elektrische Straßenbeleuchtung. Gerber und Tuchmacher hatten Darkehmen wohlhabend gemacht, die Handwerker galten als besonders fleißig und geschäftstüchtig, die schnellen Wasser der Angerapp (Ortsname ab 1938) wurden als Energiequelle für die Gewerbebetriebe genutzt, das Mühlenwerk lieferte auch den ersten Strom. Im 18. Jh. pflegten Großgrundbesitzer hier zu residieren, ein Jahrhundert später entwickelte sich Darkehmen zur Gartenstadt. Von hier aus unternahm man Bootsfahrten zu den Masurischen Seen. Über Inster und Pregel könnte man heute noch auf dem Wasserweg nach Königsberg gelangen, doch die Flüsse sind nicht mehr in dem Zustand wie früher. Darkehmen (4 000 Ew.) ist über den Nachkriegszustand noch nicht weit hinausgekommen. Das ehemalige Amtsgericht, die immer noch arbeitende Post im Backsteinbau und die Schule von Karl Friedrich Schinkel sind noch da, die beiden Kirchen müßten drin-

gend restauriert werden. Aber die Osjorsker haben andere Sorgen. Eine ganz schlichte Herberge bietet Unterschlupf für die Nacht *(Osjorsk, 11 Zi. ul. Moskowskaja 1, Tel. 8-242/223 67, Kategorie 3),* für die Verpflegung stehen nur Cafés und Kioske zur Verfügung.

Tschistyje Prudy / Tollmingen (H 5)

★ Die Einfahrt ins Dorf (1 500 Ew.) entzückt: Über dem verfallenden Bahnhofsgebäude, auf dem noch der Name Tollmingen zu erkennen ist, reckt sich der Wasserturm empor, Schafe stehen auf den Gleisen, Störche kreisen über den Häusern. Trotz des Verfalls ein friedliches Bild. Auch bei der Weiterfahrt hüpft das Herz beim Wiedererkennen: Der alte Gasthof steht noch, der Tante-Emma-Laden (beide allerdings zweckentfremdet) und das Gemeinschaftshaus (heute Kulturhaus). Man erkennt den klassizistisch-preußischen Baustil sofort, der sich angenehm heraushebt aus der formlosen sowjetischen Bebauung. Das 1539 als Tollmingkehmen gegründete Dorf war eine gute Ausgangsbasis für Ausflüge in die Rominter Heide mit ihren Seen und Gewässern. Heute mangelt es allerdings an der touristischen Infrastruktur. Kirche und Pfarrhaus auf dem Hügel waren Hauptwirkungsstätte von Kristijonas Donelaitis (1714–1780), dem preußisch-litauischen Pfarrer-Schriftsteller, der als Deutscher Litauisch lernte und Dichtungen in die Sprache des Nachbarvolkes übersetzte. Für die Litauer ist die Kirche, in der er vormittags deutsch und nachmittags litauisch predigte, so wichtig, daß sie Kirche und Pfarrhaus in den siebziger Jahren restaurierten und darin ein Museum zu Leben und Werk des auch in der Kirche begrabenen Donelaitis einrichteten *(Di–So 10–13 und 14–18 Uhr, Eintritt 2000 Rb)*. Der klassizistische Turmbau mit seiner schönen Wetterfahne ist zu besteigen, von dort hat man einen weiten ☙ Rundblick über Dorf und Heide.

Tschernjachowsk/ Insterburg (F 4–5)

Die Burg, von der die Stadt (45 000 Ew.) einst ihren Namen ableitete, ist eine Ruine, der sowjetische Oberbefehlshaber, dessen Namen sie nach dem Krieg erhielt, sagt den meisten Insterburgern gar nichts. Die Stadt macht einen merkwürdig anonymen Eindruck; daß sie einst die schönsten Plätze Ostpreußens besessen haben soll, ist schwer zu glauben. Das Zentrum wirkt verödet, der Alte Markt, Herzstück der Stadt, ist unauffindbar, Rathaus, Hotels und Kinos, alten Insterburgern in guter Erinnerung, haben sich in Luft aufgelöst. Trotzdem ist Tschernjachowsk keine Geisterstadt, sondern drittgrößte Stadt in der Oblast und ein

großer Militärstützpunkt. Sie liegt dort, wo Angerapp/Angrapa und Inster/Instrutsch zum Pregel zusammenfließen.

1336 wurde die Insterburg auf einer Bergflanke über dem Angerappufer gebaut. Besiedelt war die Stadt von Menschen aus halb Europa, neben Deutschen von Salzburgern, Schweizern, Litauern, Holländern, Franzosen und Schotten. Insterburg brachte eine Reihe von Schriftstellern und Malern hervor, unter ihnen die Pfarrerwitwe Beilstein, besser bekannt als das »Ännchen von Tharau«, berühmt geworden durch ihre volkstümliche Dichtung. Der Gedenkstein der 1689 Verstorbenen war nach dem Krieg verschollen, wurde wiedergefunden und am Ufer der Angerapp aufgestellt. Auch das Denkmal der früher in Ostpreußen so populären Ulanen ist noch vorhanden. Drei Türme aus alter Zeit sind noch da: die beiden der katholischen (jetzt Konzerthalle) und der reformierten (jetzt russisch-orthodoxen) Kirche und der Wasserturm. Das bedeutendste Gotteshaus Insterburgs, die Lutherkirche von 1612, in den dreißiger Jahren unseres Jhs. erst runderneuert und reich ausgestattet, ist noch in den siebziger Jahren beseitigt worden. Zum Schönsten gehört wohl der ☙ Spaziergang an der Uferpromenade. Als Herberge bietet sich das Hotel *Medwedja* an *(27 Zi., ul. Tonnelnaja 7, Tel. 8-241/348 15, Kategorie 2)*, das Hotel zum Bären, ein modernisiertes Altstadthaus in zentraler Lage und deutschem Besitz. Gespeist wird im Restaurant *Radoga (tgl. 12–24 Uhr, ul. Kaliningradskaja 5, Tel. 8-241/348 74, Kategorie 2)*.

Tilsiter Frieden

Verstaubte Weltmachtsymbole und die Ostpreußentour als melancholische Reise

Das nordische Licht ist hell und klar, am längsten im Sommer, zu kurz im Winter. Doch wenn es dunkel wird, verändert sich die Atmosphäre. Tilsit und die kleinen Städte des nordöstlichen Ostpreußen, die schwer unter den Kriegsereignissen gelitten haben, stellen sich bei Tage mit klaren Konturen vor. Karg, eher ärmlich, ihre beste Zeit schon lange hinter sich. Nachts aber, im dürren Lampengefunzel oder, wie in Tilsit, auch an zentralen Plätzen fast ohne Straßenbeleuchtung, werden sie auf einmal barock: geisterhafte Stätten, die plötzlich eine ganz andere Wahrnehmung von Architektur und Atmosphäre bewirken. Bisweilen von phantastischer Vielgestaltigkeit, in surrealer Überdeutlichkeit des Vagen. In diesen Orten wird es nicht nur dämmrig und dunkel, es tut sich auch eine ganz andere Wirklichkeit auf. So trist die Siedlungen heute auch sein mögen – sie bewahren noch die Vergangenheit auf. Walter Benjamin sprach von der »Aura«, der »einmaligen Erscheinung einer Ferne, so nah sie sein mag«.

Womöglich ist in diesen derangierten Provinzstädten und vergessenen Dörfern, an denen alle Weltereignisse vorbeigehen, die Wahrheit über dieses Land viel transparenter als in der Großstadt. Die Ostpreußen-Tour wird in diesem Zipfel endgültig zur melancholischen Reise.

SOWJETSK/TILSIT

(**F2**) Der Tilsiter Käse ist die berühmteste Hervorbringung der Stadt; daß er heute hier nicht mehr hergestellt wird, ist wohl Lethargie und der wirtschaftlich diffusen Lage zuzuschreiben. Tilsit (50 000 Ew.) war erst ein Waffenplatz, dann eine Feste des Deutschen Ritterordens, schließlich jahrhundertelang ein wichtiger Handelsplatz. 1409 stand hier die erste Ordensritterburg, 1552 verlieh Herzog Albrecht das Stadtrecht. Der Wohlstand brachte eine harmonisch durchkomponierte »Stadt ohnegleichen« hervor, mit anspruchsvollen Bauten an breiten Straßenzügen. Doch der Beiname bezog sich mehr auf die Tatsache, daß die nordöstlichste Stadt Deutschlands am Schnittpunkt mehrerer Kulturen lag. Ab 1920, als das Memelland im Versailler Vertrag an Litauen abgetreten worden

Als deutsche Pioniere 1945 die Luisenbrücke sprengten, blieb nur das Portal erhalten

war, wurde Tilsit zum toleranten Vorposten im Grenzgebiet, in dem Deutsche und Litauer, Russen und Polen und, wie Johannes Bobrowski formulierte, »unter ihnen allen die Judenheit«, trotz aller Probleme versuchten, miteinander auszukommen. Der Dichter, 1917 hier geboren, hat in seinem Werk das Verhältnis der Deutschen zu ihren östlichen Nachbarn – von der Ordenszeit bis zur Gegenwart – lebenslang thematisiert. Von dieser Atmosphäre der Offenheit und des spannungslosen Miteinanders ist heute nichts mehr zu merken. Die Grenzstadt erscheint abgeschottet, ein urbaner Riegel gegen Litauen, ein letztes Bollwerk der erodierten Sowjetunion. Sowjetsk, die Stadt der Räte, wurde zwar im Krieg weniger zerstört, dafür ist in den sechziger und siebziger Jahren um so mehr abgerissen worden, alle Kirchen und das barocke Rathaus. Geblieben sind die Kasernen, das Finanzamt und die Zellstoffabrik, die trotz ihrer Unwirtschaftlichkeit den Fluß verdreckt. An manchen alten Wohnhäusern sind heute noch die Einschußlöcher auszumachen. Die in Tilsit einst besonders schönen Plätze sind verschandelt, und auf dem pl. Lenina lächelt ein überdimensionierter Ideologe auf die Wartenden an der Bushaltestelle herunter. Deprimierend ist weniger, daß man per Abrißbirne die deutsche Geschichte beseitigen wollte, als vielmehr die Unfähigkeit, die entstandenen Lücken zu füllen. Aber hier und da gibt es Anzeichen für eine Instandsetzung, ja Verschönerung der Stadt. So wurde die Franksche Villa an der Lindenstraße *(ul. Lomonossowa)* restauriert und strahlt in alter Pracht.

Stadtrundgang

Was für Königsberg der Dom, ist für Tilsit das Portal der 1907 fertiggestellten Luisenbrücke. Das Bauwerk selbst wurde 1945 von deutschen Pionieren gesprengt. Wer aus Litauen auf der 416 m langen Brücke über die Memel einreist, sieht zuerst das Sandsteinportal, gewidmet der Königin Luise, die 1807 eine berühmte Unterredung mit Napoleon führte, was zwischen dem französischen Herrscher, dem russischen Zaren Alexander I. und dem Preußenkönig Fried-

---

MARCO POLO TIPS FÜR
TILSIT UND DEN NORDOSTEN

1 Museum für Heimat und Geschichte in Tilsit
Die gesamte Geschichte ist dargestellt (Seite 68)

2 Gilge
Bilder wie aus alten Zeiten (Seite 69)

3 Lasdehnen
Ein echtes Wiedersehen für den Heimwehtouristen (Seite 70)

4 Heinrichswalde
Ursprünglicher Ort (Seite 73)

Rathaus und Gerichtsgebäude stehen in Tilsit einträchtig nebeneinander

rich Wilhelm III. zum Abschluß des Tilsiter Friedens führte und viel Blutvergießen ersparte. Durch den Friedensschluß verlor Preußen sämtliche Gebiete westlich der Elbe.

Der Fletcherplatz vor der Brücke ist planlos bebaut, war Aufmarschort von Komsomolzen und Militär. Bemerkenswert ist einzig der 1992 aufgestellte Gedenkstein, der an den Tilsiter Frieden erinnert. Die ul. Pobedy, einst Hohe Straße, im 17. Jh. über dem Flußniveau aufgeschüttet und seither wichtigste Geschäftsstraße, aber auch Flaniermeile der Stadt, ist Fußgängerzone. Einige alte Bankgebäude stehen noch, auch Jugendstilfassaden, teilweise getüncht, blieben. Dazwischen sind trostlose Plattenbauten gestapelt, einige Bauvorhaben stagnieren, weil es an Geld mangelt. Aber immer noch geht man hier spazieren, trifft sich mit Freunden und zum Rendezvous, kauft ein oder betrachtet von einer Bank aus das Treiben. Am pl. Lenina steht rechts neben dem Hotel Rossija das Gebäude des ehemaligen Amts- und Landge-

richts. Dahinter erstreckt sich der Anger, immer schon eine grüne Lunge. An der Stelle, an der einst eine Elchstatue stand, die, wie jene aus Gumbinnen auch, in den Kaliningrader Zoo verschleppt wurde, hockt ein sowjetischer Panzer auf dem Sockel, eine Gedenktafel erinnert an die gefallenen Soldaten bei der Eroberung Tilsits. Weiter in nördlicher Richtung befindet sich das Stadttheater, ein 1893 eröffneter klassizistischer Bau, heute Heimstätte des Dramentheaters Sowjetsk. Von hier aus geht es rechts in die ehemalige Deutsche Straße, nun ul. Gagarina, und zurück zur Luisenbrücke. Kurz zuvor kann man abbiegen auf das befestigte Ufer der Memel, wo die alte Atmosphäre noch am ehesten zu spüren ist. Auf der anderen Seite liegt Litauen, am jenseitigen und am diesseitigen Ufer halten Angler ihre Ruten in den Fluß, auf dem es so gut wie keinen Schiffsverkehr mehr gibt. Ein friedlicher Anblick, wenn man die lange Warteschlange von Autos auf der Brücke ausblendet. Aberwitzig, daß in einer Zeit, in der in Europa immer mehr Grenzen geöffnet werden, hier eine der bestbewachten installiert worden ist. Auf der anderen Seite der durch die Hohe Straße getrennten Stadthälften liegt der Schloßmühlenteich, immer noch anmutig, auch wenn die neue Betonbrücke viel zu klobig ausgefallen ist.

MUSEUM

Museum für Heimat und Geschichte

★ Im Flur lehnt der monströse Sowjetstern im Ährenkranz, der fast 50 Jahre am Portal der Luisenbrücke hing. Ein verstaubtes Weltmachtsymbol. In vier Räumen ist die Geschichte der Stadt dargestellt, nicht sowjetisch geschönt wie andernorts. Die deutsche Vergangenheit und die russische Zeit werden hier nicht gegeneinander aufgewogen, sondern in reicher Vielzahl von Dokumenten und Exponaten nebeneinandergestellt. Hier wurde zusammengetragen, was Wut, Haß und Zerstörungsorgien überstand. Der Besucher kann sich ein gutes Bild verschaffen. Und wenn er Tilsiter war oder hier Vorfahren hat, hilft der Direktor gern bei der Identifizierung von Häusern und Straßen, hat alte Adreßbücher parat. Ein Russe, der schon manchen Deutschen durch seine Detailkenntnis beschämt hat. *Di–So 10–18 Uhr, ul. Pobedy 34, Eintritt 2500 Rb*

RESTAURANTS

Drushba

♐ Musikbeschallt, etwas schrill, eine Mischung aus Restaurant und Bar. Viel Jungvolk. *Tgl.*

12–24 Uhr, ul. Drushba 5, Tel. 8-261/753 84, Kategorie 2

Marina

Die Chefin gab dem Lokal ihren Namen, kocht selbst und serviert mit Pfiff. Obwohl nur etwas größer als ein Wohnzimmer, gilt das Restaurant als eines der besten. *Do–Di 11–21 Uhr, ul. Iskry 38, Tel. 8-261/761 02, Kategorie 2*

CAFÉ

Rosa

Nichtraucher-Cafébar mit kleinen Gerichten im Flachbau des Kinos auf dem Grundstück der ehemaligen Bürgerhalle. *Tgl. 18–1.30 Uhr, ul. Pobedy 38, Kategorie 2–3*

EINKAUFEN

Markt

◉ Größter seiner Art im Nordosten. Aus umliegenden Orten strömen Händler und Käufer herbei. Das bunte Treiben rund um die Markthalle findet immer Samstag und Sonntag statt. *Ab 8 bis ca. 15 Uhr, ul. Gagarina*

HOTELS

Marianne

Ein Konglomerat verschiedener kleiner Häuser hinter dem Gelände der Molkerei, zum Hotelbetrieb zusammengefaßt. *20 Zi., ul. Saretschnaja 2a–4, Tel. 8-261/711 92, Kategorie 2*

Rossija

Sowjetbau, in den das frühere Reichsbankgebäude einbezogen wurde. Dort befinden sich Restaurant und Bar. *82 Zi., pl. Lenina, Tel. 8-261/753 72, Kategorie 2*

Tilsiter Hof

Ehemaliges Wohnhaus, zum Hotel umgebaut, mit Barbetrieb in der Lobby. *21. Zi., ul. Iskry 15, Tel. 8-261/710 35, Kategorie 2–3*

Zur Linde

Privathotel am Rand der Stadt, Neubau auf einem Grundstück mit Park. *20 Zi., ul. Talbutschina 2, Tel. 8-261/765 98, Kategorie 2*

AM ABEND

Altstadt

Mit dem Namen zielen die Besitzer auf eine deutschsprachige Klientel, obwohl die Bedienung kein Deutsch versteht. Macht nichts, nur auf den Zapfhahn oder den Flaschenhals zeigen *Mo–Fr 11–15 und 19–24, Sa 19–24 Uhr, ul. Pobedy 6*

Casino

Wenn die Kunst darbt, muß man sich im Theater etwas einfallen lassen. Im Seiteneingang kommt man ins Paradies der Spieler. Hier kann man Neureiche und den einen oder anderen Mafioso beobachten. *Tgl. 20–5 Uhr, ul. Gagarina*

Kino

✪ Russische Filme sind nicht mehr gefragt, es laufen fast ausschließlich ausländische Streifen, meist mit Untertiteln. *Ul. Pobedy 38*

ZIELE IN DER UMGEBUNG

Bolschakowo/Kreuzingen   (F 3)

Die Straße in den zentralen Ort (5000 Ew.) des südöstlichen Zipfels des Kreises Elchniederung führt durch den schönen früheren Forst Wilhelmsbruch. Kreuzingen, vor 1938 Groß Skaisgir-

ren, profitierte lange von seiner verkehrsgünstigen Lage an der wichtigen Eisenbahnstrecke Königsberg–Tilsit und im Schnittpunkt von fünf Überlandchausseen. Hier war der größte deutsche Viehverladebahnhof und der größte ostpreußische Wochen- und Ferkelmarkt. Vor dem Krieg wurde der Ort, 1583 erstmals erwähnt, auch als Ausgangspunkt für Ausflüge ins Elchrevier und ins Große Moosbruch genutzt. Viel ist nicht geblieben von der alten Bausubstanz. Die Kirche von 1693 ist ohne Turm und heute Kino. Post, Amtsgericht und zwei Schulen sind noch da, der Sportplatz und Wohnhäuser ebenso. Das Hotel *Renata (17 Zi., Mai–Sept geöffnet, ul. Lermontowa 2, Tel. 8-263/ 372 65, Kategorie 2)* wurde kürzlich neu eröffnet. Es beinhaltet auch das gleichnamige Restaurant *(tgl. 12–24 Uhr, keine Winterpause, Kategorie 2)*

Matrosowo/Gilge   (E 3)

★ Weiden auf der einen, dichte Wälder auf der anderen Seite der kopfsteingepflasterten Birkenchaussee. Das schönste Dorf am Haff (440 Ew.) erreicht man nur im Schrittempo. Aber der Weg lohnt sich, denn an der Mündung des breiten, gemächlich dahinfließenden Gilgestromes/Matrosowka kanal gibt es Bilder wie aus alten Zeiten zu sehen. Ostpreußen-Nostalgie pur, mit Mole und Motorbooten, Seerosenkompositionen und Schilfinseln, hölzernen Vorkriegshäusern und spazierenden Kühen am Flußufer, faul dösenden Hunden und zutraulichen Schwänen. Zwar sind Kirche und Schule verschwunden, die Datschen der

In Gilge erinnert noch vieles an vergangene Zeiten

Sommerfrischler aus Kaliningrad sind nicht durchweg Baukunstwerke, aber die Flußufer laden zu Wanderungen am Wasser ein, ausgedehnte Kanufahrten in die weitverzweigten Wasserwege sind möglich, und für Angler ist der Standort ideal – die Fische, die sie hier an die Köder bekommen, sind gesund, und nicht, wie im naheliegenden Haff, durch Verschmutzung geschädigt. Zugezogene Rußlanddeutsche aus Kasachstan haben das heruntergekommene Hotel *Adomeit*, einst Prominentenherberge, renoviert und die Zimmer hübsch eingerichtet *(Hotel Ehrlich, 7 Zi., Tel. 8-261/233 27, Kategorie 2)*. Zum Hotel gehört ein eigener Hof, so daß die Versorgung unabhängig ist vom staatlichen Handel. Es besitzt auch das einzige Restaurant weit und breit *(tgl. 8–23 Uhr, Kategorie 2)*. Leni Ehrlich, die rußlanddeutsche Besitzerin, vermittelt auch Privatquartiere bei anderen Dorfbewohnern, die Zimmer ausge-

baut haben. Die Anreise nach Matrosowo ist kompliziert, weil es hinter Polessk/Labiau keine Wegweiser gibt und der Ort in die meisten Landkarten nicht eingetragen ist. Eine schmale Straße führt am ehemaligen Friedrichsgraben entlang nach Golowkino/Nemonien bis zu einer Pontonbrücke. Dann noch einige Kilometer Kopfsteinpflaster, bis der Sandweg, die einzige »Straße« Gilges, erreicht ist.

Jasnoje/Kaukehmen (E 2)

Der schwedische Feldmarschall Horn hatte hier 1678/79 sein Hauptquartier, der Große Kurfürst logierte im Amtshof. 1758, im Siebenjährigen Krieg, kam der russische Oberbefehlshaber im Kleinstädtchen unter. In Kaukehmen (2 000 Ew.) stieg gern ab, was Rang und Namen hatte. Heute wirkt der Ort – 1938 in Kuckerneese umbenannt – verwahrlost, die baulichen Überbleibsel der alten Zeit – Gemeindeamt, Pfarrkirche, Post, Spritzenhaus, Marktuhr – können sich nur noch mühsam behaupten gegen die trostlosen Neubauten.

Krasnosnamensk/
Lasdehnen (Haselberg) (H 3)

★ Die Stadt der Namenswechsel. Ursprünglich hieß sie, so 1566 erstmals erwähnt, Lasteinen (vom litauischen lazdenai = Haselstrauch). Daraus wurde später Lasdehnen. 1938, die Germanisierung war in vollem Gange, wurde der Ort in Haselberg umbenannt, während der Sowjetisierung in Krasnosnamensk (4000 Ew.). Unter den schwer heimgesuchten Ortschaften im früheren Kreis Schloßberg stellt die Stadt eine Besonderheit dar: Sie ist bemerkenswert gut erhalten und wirkt gepflegt. Obgleich viel gebaut worden ist, sind alle alten öffentlichen Gebäude noch da. Der Heimwehtourist erlebt hier ein echtes Wiedersehen. Das Flüßchen Scheschuppe/Szeszuppe windet sich durchs Stadtgebiet und verleiht ihm etwas Idyllisches. Der ☻ Weg am Flußufer entlang ist ein reizvoller Spaziergang. Er führt vorbei an einem Wehr mit dem Wasserfall und dem Mühlenstauwerk. Alles wird überragt von der Kirche auf dem Hügel, einem neugotischen Bau des Schinkel-Schülers August Wilhelm Stüler, 1877 vollendet. Die dreischiffige Basilika hat Platz für über 1000 Besucher und gehört seit einigen Jahren der russisch-orthodoxen Konfession, nachdem sie jahrzehntelang Lagerhalle war. Das Haus hinter der Lenin-Skulptur ist das alte Hotel Siemund. Interessant für Nostalgiefreunde ist das Privatmuseum von Sergej Tschelinsky in der ul. Swetlaja 15 (ehemals Schirwind-

ter Str.), nur 100 m vom Marktplatz entfernt. Der Baggerfahrer hat drei Jahrzehnte Überbleibsel der deutschen Zeit aus der Erde geborgen und schon 1949, als er noch Drittkläßler war, gesammelt, als alle die Fliesen, Gitter, Schlösser, Metallteile, ganze Eisenöfen, Blechreklamen, beschriftete Aschenbecher, Porzellangeschirr, Silber oder Devotionalien noch für wertlosen Plunder hielten. Tschelinsky, in Zeitungen respektvoll als »russischer Bewahrer preußischer Kultur« bezeichnet, hat mit seiner Frau zwei Räume seines Hauses mit der versunkenen Gebrauchtwarenwelt vollgestopft. Die alten Pinsel, Schreibinstrumente, Abzeichen, Münzen, Puderdosen und der Stempel vom letzten deutschen Bürgermeister füllen Kredenzen und Schränke, blockieren Tische und Stühle. Öffnungszeiten gibt es nicht, man geht einfach hin, am besten mit russischer Begleitung. Auch Eintritt erhebt Sergej Tschelinsky nicht, und nachdem er für seine Gäste auf der Mundharmonika »Lilly Marleen« geblasen hat, weigert er sich auch, eine Spende zu nehmen. Es ist der Phantasie jedes Besuchers überlassen, dem Kulturretter doch etwas dazulassen. Übernachten kann man im renovierten Hotel *Verbena (22 Zi., ul. Oktjabrskaja 10, Tel. 8-264/221-47,48, Kategorie 2)*, das in einem Anbau auch das beste Restaurant der Stadt unterhält *(Mo–Sa 17–24 Uhr, Kategorie 2)*.

Neman/Ragnit (G 3)

Vom Schloßberg aus hatte man einst über die weithin gestreckten Wiesenflächen den angeblich schönsten Blick auf die belebte

Memel. Aber das Schloß ist zusammengefallen, und auf dem Strom verkehren kaum noch Schiffe. Der ✿ Anblick vom 15 m hohen Südufer ist heute eher ernüchternd. Seit 1409 hatte sich hier die massive Backsteinburg auf quadratischem Grundriß in den Himmel gestemmt, heute streckt sich nur noch der ramponierte Uhrenturm empor. In ihrem Schatten entwickelte sich Ragnit (14 000 Ew.), eine der wenigen Städte Ostpreußens, die nach dem Krieg mehr Einwohner haben als zuvor. Die kleine Schwester Tilsits, die 1722 das Stadtrecht erhielt, boomte in der Zeit der Industrialisierung zu Beginn des 20. Jhs. Die seinerzeit entstandene Zellstoffabrik ist noch heute größter Arbeitgeber, aber auch Umweltverschmutzer. Bootshaus und Zollhaus an der Memel blieben erhalten, der Kirche auf dem zweiten Hügel – gegenüber der Burg – fehlt der Turm, aber sie kann benutzt werden, und historische Gebäude werden allmählich wieder hergerichtet. Schön ist der Mühlenteich mit seinem Erholungspark. Im früheren Deutschen Haus, heute Hotel *Neman (22 Zi., ul. Sowjetskaja 2, Tel. 8-262/232 37, Kategorie 2),* kann man eine Herberge finden. Unterkunft bei privaten Anbietern vermittelt Irina Rafael *(ul. Lomonossowa 13, Tel. 8-262/226 72, Kategorie 3).* Die lokale Küche prüft man im Neman *(ul. Pobedy 54, Tel. 8-262/237 40, Kategorie 2)*

Polessk/Labiau (D 3)

Das Umland ist prächtig, der Anblick der alten ostpreußischen Stadt fällt eher kümmerlich aus. Labiau (6000 Ew.) liegt nahe der Mündung der Deime/Deima ins Kurische Haff. Um Königsberg vor litauischen Angriffen über das Haff zu schützen, entstand 1258 eine Grenzfeste, nach Zerstörungen 1280 als Wasserburg neu errichtet. Im Schutz der Burg bildete sich eine sog. Lischke, ein von Fischern, Krügern und Handwerkern bewohnter kleiner Ort, der wuchs, so daß der Große Kurfürst 1642 den »Flecken zur Stadt fundieret«. 1679 brach der Große Kurfürst von hier aus auf zu seiner berühmten Schlittenfahrt über das Eis des Haffs. Die Burg, einst von Feime und Schloßgraben umgeben und unter Herzog Albrecht künstlerisch anspruchsvoll mit Wandmalereien ausgeschmückt, überstand den Krieg, kaum aber den Sozialismus, in dem zwei ihrer Stockwerke nach Bränden abgetragen wurden und ein Notdach auf die

Anlage kam. Seitdem dämmert sie am Marktplatz hinter Zäunen auf dem Gelände eines Maschinenkombinats vor sich hin. Dabei galt sie jahrhundertelang als uneinnehmbar.

Die dreischiffige gotische Hallenkirche ist unter monotonen Neubauten begraben, vom alten Bahnhof sind noch Reste da, im Park ist der Wald von ungezähmter Natur halb zugewachsen. Trotz der Verödung hat das Städtchen etwas Pittoreskes mit seinem kleinen Hafen, den Anglern am Ufer und der nur von Möwen durchkreischten Beschaulichkeit. Im Stadtmuseum *(ul. Sawodskaja 4, Mo–Sa 11–13 und 14–17 Uhr, Eintritt 2500 Rb)* ist Ausstellungsschwerpunkt die Geschichte nach 1945.

Slawsk/Heinrichswalde mit Elchniederung (F 3)

★ Auf den Wiesen und Weiden grast schwarzbuntes Niederungsvieh, über die Chaussee rast Meister Langohr, über den Bäumen schweben Adler auf der Suche nach Beute, und in den riesigen Bruchwäldern, in Schlick und Moor leben mehr Elche als in den Jahren zuvor. Durch das größere Tourismusaufkommen auf der Kurischen Nehrung haben sich einige der Tiere aufs Festland abgesetzt. Der weitverzweigte Mündungsbereich der Memel, einst größtes deutsches Flußdelta, hat einen ganz eigenen Charakter, der auf Tier- und Vogelwelt große Anziehungskraft ausübt. Der Kreis Elchniederung, der nördlichste Ostpreußens, galt mit seinen versumpften Partien und den dominierenden Erlenbäumen immer schon als ein geheimnisvolles Land. Sein

Hauptort Slawsk/Heinrichwalde (3 500 Ew.) ist im 17. Jh. aus einem kleinen Marktflecken entstanden, war ab 1818 Landratssitz und seit Ende des 19. Jhs. beliebter Kurort, durch den Bau von Straße und Bahnlinie gut zu erreichen. Der Ort hat viel von seinem ursprünglichen Aussehen bewahren können. Die Kirche im neugotischen Stil wurde zu Beginn der neunziger Jahre restauriert und dient zwei Konfessionen als Gotteshaus. Post, Molkerei, Parkhotel, Arbeitsamt, Gasanstalt, Sägewerk, Krankenhaus, Turnhalle, Bahnhof, Sportplatz und Hotel Deutsches Haus (jetzt Kulturpalast) erinnern an früher, das Freibad mit seinem salz- und schwefelhaltigen Wasser ist nach wie vor in Betrieb. Essen und unterkommen kann man im Hotel Slawsk *(ul. Schkolnaia 7, Tel. 8-263/13 75, Kategorie 2–3)*, für einen Imbiß gibt es auch Cafés an der ul. Sowjetskaja.

Sosnowka/Bledau (E 4)

Das Dorf (300 Ew.) hat nicht viel zu bieten, aber es kann als Ausgangsstation für Wanderungen im Sternberger Forst, der bis ans Haff reicht, genutzt werden. Das riesige grüne Areal, von idyllischen Wasserläufen gerastert, ist für Naturfreunde, die Muße für Ruhe und Abgeschiedenheit haben, besonders interessant. 3 km von Sosnowka entfernt, in Richtung Doroschnyj, steht das mit deutscher Hilfe renovierte erweiterte ehemalige Forstamtsgebäude in einem Waldstück. Ein moderner Hotelbetrieb in der Wildnis *(Forsthaus II, 16 Zi., Restaurant, Bar, Schwimmbad, Sauna, Tel. 8-258/232 30 und 232 47, Kategorie 1–2)*.

Wandern auf Wüstensand

*Beim Barfuß-Stapfen durch die ostpreußische »Sahara«
eröffnet sich der »Italienblick«*

Es fällt schwer zu glauben, daß diese Orte einst zu den meistbesuchten Seebädern Ostpreußens gehörten und fast städtischen Charakter besaßen. Rauschen und Cranz hatten um die Jahrhundertwende, wie es in zeitgenössischen Darstellungen heißt, ein »gewisses mondänes Flair«. Davon ist nichts mehr zu spüren. Allenfalls ein altmodischer Charme liegt über den Orten, aber auch nur in den Teilen, in denen der Sozialismus nicht geklotzt hat. Wo die alten hölzernen Sommervillen noch unter altehrwürdigem Baumbestand die Zeit überkümmert haben, die Warmbäder mit ihren charakteristischen, im Sommer grün überwachsenen Türmen emporragen und die Stille der historischen Zentren ihren Sog entwickelt, haben die traditionsreichen Ostseebäder noch etwas von ihrer Schönheit aufbewahrt. Das Samland, wie der im Nordosten von Königsberg gelegene Landkreis – zwischen Frischem und Kurischem Haff – in deutscher Zeit genannt wurde, hat bis heute die

Steilküste bei Rauschen

beste Infrastruktur. Drei Straßen und ebenso viele Eisenbahnlinien sowie ein Seekanal verbinden die Ostseebäder mit der Hauptstadt. Durch die Kaporner Heide, einst ein beliebtes Jagdgebiet, führt die alte Reichsstraße 131. Anders auf der Kurischen Nehrung, deren nordöstlicher Teil heute zu Litauen gehört. Für die Landzunge, auf der man fast an jedem Fleck die Brandung rauschen hört, war der Sozialismus ein Segen – denn fast ein halbes Jahrhundert lang durfte kaum einer hin. Nur handverlesene Urlauber, meist verdiente Genossen und Politgrößen, konnten hier ihre Ferien verbringen. Unter strengen Auflagen: Nur bestimmte Wege und Badestellen durften benutzt, keine Fotos gemacht werden und nach 23 Uhr sollte niemand mehr am Strand sein. Das waren paradiesische Zustände für die Tiere, für Elche, Wildschweine, Dachse, Füchse, Fischreiher und Kormorane. Seitdem die Nehrung wieder besucht werden darf, nehmen die Tiere Reißaus; manche Elche haben sich aufs Festland verzogen, sind die 15 km übers Haff geschwommen oder im Winter übers Eis gelaufen. Einige sind aber noch da, und wer Glück hat, entdeckt einen der mächtigen Geweihträger im Wasser oder im Wald.

SELENOGRADSK/ CRANZ

(**C 3**) Das älteste Seebad der gesamten Ostseeküste (11 000 Ew.) liegt nur 30 km nördlich von Königsberg und erlebte seine große Zeit um die letzte Jahrhundertwende, als an Wochenenden viele Städter ans Meer fuhren. Die 1885 in Betrieb genommene Königsberg-Cranzer Eisenbahn war damals die meistbefahrene Strecke Ostpreußens. Strandfotos aus früherer Zeit zeigen eine hölzerne Flanierstrecke, bevölkert von Sonnenhungrigen und mondänen Figuren. Die 900 m lange Promenade wurde 1970 abgerissen und durch Beton ersetzt, was kein Attraktionsgewinn war. Die Anfänge Cranz' als Kurort reichen bis 1816 zurück, als der Ort noch ein unbekanntes Fischerdörfchen an der samländischen Küste war, das von einem Medizinalrat Dr. Kessel entdeckt wurde. 1850 wurden Promenade und Warmbadehaus errichtet. Bis 1895 hatte Cranz den Status eines »königlichen Bades«, dann ging es in Gemeindebesitz über. Wer heute hierher will, benötigt eine Genehmigung, zu erhalten beim Staatlichen Reisebüro in Kaliningrad. Es ist nicht ratsam, ohne sie anzureisen, am Ortsausgang gibt es öfters Kontrollen, ebenso im Zug (die Fahrt vom Königsberger Hauptbahnhof dauert 35 Minuten).

BESICHTIGUNGEN

Stadtrundgang
Ein Gang durch die Stadt ist eher deprimierend, denn von den Landhäusern, Villen und Pensionen, die Cranz schmückten, ist wenig geblieben, von den einstigen gemütlichen Cafés und Tennisplätzen ganz zu schweigen. Weit über 200 000 Menschen strömten in der Vorkriegszeit pro Saison in den beliebten Kurort. Einige zweistöckige Häuser mit Aufschriften wie Villa Helene oder Villa Herta an ul. Lenina und Moskowskaja, leidlich erhalten, verströmen noch ein schwaches Flair. Die Sanatorien und Heilanstalten sowjeti-

MARCO POLO TIPS FÜR OSTSEEBÄDER UND KURISCHE NEHRUNG

1 **Rauschen**
Ostseebad in Aufbruchsstimmung (Seite 78)

2 **Kurische Nehrung**
Landzunge mit dem längsten Strand Europas (Seite 80)

3 **Pillkoppen**
Verschlafene Nehrungssiedlung (Seite 82)

4 **Nidden**
Wo Thomas Mann die Sommerfrische verbrachte (Seite 83)

Eines der wenigen erhaltenen historischen Gebäude in Cranz

scher Machart wirken abweisend. Am alten Wasserturm wird hin und wieder restauriert. Die Adalbertkirche, einst katholisch, jetzt orthodox, ist gut erhalten.

RESTAURANTS

Parus
Im »Segel« werden vor allem Fischgerichte angeboten. *Tgl. 8–22 Uhr, ul. Lenina 13, Tel. 8-250/310 45, Kategorie 3*

Selenogradsk
⬥ Draußen dran steht Café, aber das Lokal ist ein Restaurant, sicher das beste am Ort. Zudem günstig gelegen: an der Promenade und mit Seeblick. Die Speisekarte ist klein, aber zum Stillen des Hungers reicht es. Nachts drängt es Einheimische und Touristen aus dem gegenüberliegenden Hotel Margarita an die Bar, es wird getanzt, und es gibt auch gelegentlich Varietédarbie-

tungen. *Tgl. 12–4 Uhr, ul. Pugatschowa, Tel. 8-250/325 06, Kategorie 3*

UNTERKUNFT

Margarita
Ein Hotel, das noch seiner Sanierung harrt. Immerhin mit Aussichtsterrasse und Bar. *29 Zi., ul. Pugatschowa, Tel. 8-250/313 47, Kategorie 3*

Zimmervermittlung
Die russischen Betriebe können es sich kaum noch leisten, ihre Angestellten zu kostspieligen Kuraufenthalten in das Seebad mit der würzigen Luft zu schicken. Viele Zimmer in den Sanatorien stehen leer und werden Touristen angeboten, ebenso wie Unterkünfte bei Familien. Zimmervermittlung im Touristbüro, *ul. Moskowskaja 34, tgl. 9 bis 17 Uhr, Okt.–April an Wochenenden geschl., Tel. 8-250/310 92 und 315 33, Kategorie 3*

Bar Edward

◉ Viel Wodka, viele Einheimische in schummrigem Ambiente. *Tgl. 10–2 Uhr, ul. Lenina 11*

SWETLOGORSK/ RAUSCHEN

(**B 3**) ★ Ostseebad (10 000 Ew.) mit Aufbruchsstimmung. Man spürt keine Stagnation wie in Cranz. Vielmehr wird überall gebaut und gewerkelt. Bürgermeister Sergej Rudobelez kündigt an, die Stadt wieder so attraktiv zu machen, daß »jedem Geschmack, auch dem allerverwöhntesten«, Genüge getan werden könne. In sowjetischer Zeit wurden hier 30 Erholungseinrichtungen angesiedelt, davon sieben Sanatorien. Heute werden einige davon zu Hotels umgebaut und dabei den neuen Bedürfnissen angepaßt. Was an Rauschen am meisten beeindruckt, ist die Weitläufigkeit der Stadt, im Stadtgebiet gibt es neben Parks auch Wälder. Pro Kopf entfallen mehr als 140 qm Grünfläche auf einen Einwohner – weltweit ziemlich einmalig. Auch daß die Eisenbahn von Kaliningrad (40 Min.) auf den Gleisen der alten Samlandbahn und an denselben Bahnhöfen hält wie früher (Rauschen-Stadt und Rauschen-Dünen, heute Swetlogorsk 1 und 2) wirkt anheimelnd. Die alte Pruzzensiedlung wurde 1258 erstmals erwähnt, der Begriff Rauschen stammt von den Ordensrittern. Im 19. Jh. und bis in die dreißiger Jahre des 20. Jhs. hinein war der Ort mit seiner verspielten Architektur ein Modebad, noch 1938 wurden hier Tennis-Weltmeisterschaften ausgetragen. Heute wird in Steilufernähe viel gebaut, Rauschen erhält das erste Fünf-Sterne-Hotel der Oblast.

Rauschen-Düne/Swetlogorsk 2

Das Zentrum des Ostseebades in Rußland unter dem Beinamen Sotschi des Nordens bekannt, hat immer noch seine alte Promenade (Kaliningradskaja pr.), gesäumt von guterhaltenen Holzvillen mit Veranden. Optischer Blickfang ist das Warmbad, ein eigenwilliger, grün eingewachsener Jugendstilbau, mit dem 30 m hohen Wasserturm, der eine ☼ Aussichtsplattform besitzt. Die nach dem Krieg angebrachte Sonnenuhr stammt von Nikolai

---

Der Rest der Elche

Es gibt nicht mehr so viele davon wie vor dem Zweiten Weltkrieg, genaue Bestandszahlen liegen allerdings nicht vor. Auf der Kurischen Nehrung sollen noch 28 Geweihträger leben. Thomas Mann hatte noch in der Nähe seines Sommerhauses einen Elchwald. »Sumpf mit Birken und Fichten… ein Wald von russischem Charakter«, urteilte er. »Man spürt auch hier die Nähe Osteuropas… Der Anblick des ersten Tieres ist ein sehr imposanter Eindruck. Sie sind eine Mischung von Rind, Pferd, Hirsch, Kamel und Büffel, sehr langbeinig mit breit ausgeladenem Geweih.«

Frolow, der damit die Tradition von Hermann Brachert aus dem Stadtviertel Georgswalde/Otradnoje fortführen wollte. Bracherts Skulpturen stehen im Kurpark, seine berühmte Brunnenfigur »Die Badende«, eine filigrane, grazile Marmorplastik, ist liebevoll gepflegt. Der Mühlenteich im Süden hat immer noch etwas von einem verwunschenen Gewässer, auch wenn das Ufer teilweise betoniert ist. Die Linden am Ostufer sind größtenteils mehrere hundert Jahre alt. Die seltene Verbindung von Wald und Meer, Hügeln und Tal, die Mischung von Laub- und Nadelgehölz, von Dünenheide und Steilküste machen den Ort zu etwas Besonderem. Hier läßt sich's gut entspannen.

Künstlerhaus

Wechselausstellungen bildender Künstler. *So 12–18, Mo 14–18 Uhr, ul. Kurortnaja 8*

Turmlift

In der höchsten Erhebung an der Strandpromenade bedienen alte Männer gegen einen kleinen Obolus einen Lift, der zur höchsten Aussichtsplattform Rauschens emporrumpelt. Von da aus überblickt man einen Teil der Stadt und die betonierte Strandpromenade mit der Sonnenuhr, einer der größten Europas, als Mosaik mit Tierkreiszeichen angelegt. Der Schatten des auf den Polarstern fixierten Zeigers markiert die Uhrzeit fast auf die Minute genau. Die wild zerklüftete Steilküste ist näher ans Meer herangerückt, seitdem der Sandstrand sich nach Stürmen auf ein Drittel verkleinert hat und seit Jahren auf neue Aufspülungen wartet. Zwischen den Mischwäldern ist noch manches alte Haus auszumachen, die Bausubstanz ist relativ intakt.

RESTAURANTS

Alissa

Im Souterrain des ehemaligen Militärsanatoriums gibt es russische Küche und Fischgerichte. *Tgl. 12–22 Uhr, ul. Oktjabrskaja 2a, Tel. 8-253/330 55, Kategorie 2*

Chromaja Loschad

Im Glänzenden Pferd »reiten« die Besucher am Tresen auf schweren Sätteln, hängen Zaumzeug und Zügel von Wänden und Decke. Mit offenem Kamin, überdachter Terrasse und deutschsprachigem Personal. *Tgl. 12–3 Uhr, ul. Oktjabrskaja 23, Tel. 8-253/335 13, Kategorie 2*

Seestern

Das Lokal von Viktor Garbach, einem Rußlanddeutschen, liegt günstig und ist hell und freundlich eingerichtet. Neben dem soliden Speisenangebot bekommt man zahlreiche deutsche Biere und eine kleine Weinkarte. *Tgl. 11–23 Uhr, Seepromenade, Tel. 8-253/333 83, Kategorie 2*

HOTELS

Baltika

Ehemaliger Sanatoriumsbau, 50 m vom Strand entfernt und Lieblingsherberge russischer Familien. *137 Zi., ul. Wereschagina 8, Tel. 8-253/330 82, Kategorie 3*

Jantarnij Bereg

Im Haus Bernsteinküste kurten seit 1983 Genossen, heute wird um Westkundschaft geworben.

Im Angebot sind Balneo- und Physiotherapie. *62 Zi., ul. Wereschagina 4, Tel. 8-253/330 40 oder 337 20, Fax 532 16, Kategorie 2*

Swetlogorsk

Drei-Sterne-Haus mit 48 Balkonzimmern, alle frisch renoviert. Ordentliches Restaurant *(tgl. 12–24 Uhr),* Sommercafé und bewachter Parkplatz. *Kaliningradskaja pr. 70b, Tel. und Fax 8-253/361 84, Kategorie 2*

AM ABEND

Alissa-Casino

Hinter dem Restaurant befindet sich ein Raum mit Bar und Spieltischen sowie -automaten. *Tgl. 12–6 Uhr, ul. Oktjabrskaja 2a*

Disko Coloseo

Der mondänste Tanzladen der Oblast, neu eingerichtet von einem Italiener, der die Wände mit Säulen wie in Pompeji bemalen ließ, nicht vor Marmorboden zurückschreckte und ebensowenig vor modernstem Equipment. *Tgl. 21–6 Uhr, Kaliningradskaja pr. 68, direkt am Bahnhof Swetlogorsk 2, Eintritt 20 000 Rb*

KURSCHSKAJA KOSA/KURISCHE NEHRUNG

(C–D 1–3) ★ Viel Sand, viel Meer – und noch viel mehr. Die Alte Poststraße ist auf beiden Seiten mit Linden bepflanzt und ein schattig-grüner Tunnel. Die Linden werden abgelöst von Kiefern und Birken, die teilweise im Sumpf stehen. Viele Bäume wachsen auf Inselchen, und zusammen mit den abgestorbenen, am Boden liegenden und mit Moos überwachsenen Stämmen und den zahlreichen Bächen rechts und links erscheint der Wald wie im Märchen – zauberhaft. Doch es handelt sich um einen tanzenden Wald, ja, sogar um einen ertrinkenden Wald. Starke Westwinde biegen die jungen Kiefern, so daß sie bizarr emporwachsen und an tanzende Figuren erinnern, und die Bäume in der zweiten Reihe, in Strandnähe, drohen förmlich im Sand zu ertrinken. Auf der einen Seite das Salzwasser der anbrandenden Ostsee, auf der anderen das Süßwasser des Stillen Haffs, leider durch Abwässer vom Festland verschmutzt. Eine der eigenartigsten Küstenformationen der Erde. Kurisch werden Haff und Nehrung deshalb genannt, weil hier einst als Ureinwohner der Stamm der Kuren oder Kurschen siedelte. Der Begriff Nehrung stammt aus dem Pruzzischen.

Das wie ein Säbel gebogene Land wird in einer Legende mit dem gutherzigen Riesenmädchen Neringa in Zusammenhang gebracht, das stark war und Fischer in Seenot rettete, indem es ihre Kähne ans Ufer zerrte. Als sie sich in einen Ritter verliebte, zürnte der Gott Wangnutis und ließ massive Wellen gegen das Schloß des Edlen anrollen, um es zu zerstören. Neringa packte Sand in ihre Schürze, stapfte in die See und streute ihn von Cranz bis Memel aus. Fertig war die Landzunge mit dem längsten Strand Europas – 96 km lang.

»Die Kurische Nehrung ist so merkwürdig, daß man sie gesehen haben muß, wenn einem nicht ein wunderbares Bild in der

Seele fehlen will«, notierte der vielgereiste Wilhelm von Humboldt zu Beginn des 19. Jhs. Das gilt noch heute. Das Kurische Haff ist eine Art Binnensee, fünfmal größer als der Bodensee, und war einmal größtes Binnengewässer Deutschlands. Nur ist die 400 m bis 3,6 km breite Sandlandzunge, die es von der Ostsee abschließt, heute auf russischer Seite Sperrgebiet, und vor den Besuch muß eine Bewilligung beschafft werden: Touristbüro in Cranz/Selenogradsk *(tgl. 9–17 Uhr, April–Okt. an Wochenenden geschl., ul. Moskowskaja 34, Tel. 8-250/310 92 und 315 33).* Die eine Hälfte der Fläche gehört zu Rußland, die andere zu Litauen.

Thomas Mann kam noch ohne Genehmigung aus. Nachdem er für seine »Buddenbrooks« den Nobelpreis erhalten hatte, suchte er 1930 nach einem komfortablen Sommerhaus an der mittleren Ostsee und fand es in Nidden, einer seinerzeit beliebten Sommerfrische. Gleich beim ersten Besuch auf der Kurischen Nehrung war er überwältigt und maß sie an der Insel Sylt: »Man muß sie sich verfünffacht denken, man glaubt, in der Sahara zu sein… Alles ist weglos, nur Sand und Himmel.« Seitdem spricht man von der »ostpreußischen Sahara«. Nach Ansicht von Meeresforschern und Geologen ist die Kurische Nehrung vor etwa 15 000 Jahren entstanden. Damals wichen die Gletscher der letzten Eiszeit und ließen Endmoränenhügel zurück, die als Inseln aus dem ansteigenden Wasser ragten. In den nächsten Jahrtausenden schmirgelte eine nordwärts gerichtete Meeresströmung Sand von der Küste Sam-

lands ab und lagerte ihn zwischen diesen Inseln ab, bis daraus allmählich eine Landzunge entstand. Der Westwind, stetig zugange, türmte den von Wellen angespülten Sand zu immer höheren Bergen auf. Heute sind die Dünen bis zu 60 Meter hoch. Und immer noch schaufeln die Elemente Wind, Wasser und Sand in einer konzertierten Aktion das Land mit rieselnden Körnern zu. Die Wanderdünen können nur durch die Bäume gebremst werden, die den Dörfern Halt und Schutz geben. Das wußte man nicht immer. Während des Siebenjährigen Krieges (1756–63) wurde massiv abgeholzt, Waldbrände und die Erosion der dünnen Humusschicht brachten das ökologische System aus dem Gleichgewicht, haffwärts wandernde Sandmassen begruben ein Dutzend Dörfer unter sich. Erst seit Beginn des 19. Jhs., nachdem Bergkiefern und Birken angepflanzt wurden, ist die ostpreußische Sahara halbwegs unter Kontrolle. Das Wüstenerlebnis ist ein reglementiertes Abenteuer, das Dünenwandern mit nackten Füßen im puderweichen, warmen Untergrund gehört zu den Höhepunkten der Ostpreußen-Reise. Die Sonne schüttet hier ein Licht aus, das die am Horizont vorüberziehenden Wolkenbänder weiß ausleuchtet und das Wasser zur Rechten und zur Linken mal aquamarin-, mal kobaltblau anmalt oder perlgrau glitzern läßt. Bei diesem Anblick pflegte Thomas Mann vom »Italienblick« zu sprechen.

Die nordostpreußische Küste, vor allem die Kurische Nehrung, ist im Sommer klimabegünstigt.

Über den Dünen steigt ständig Wärme auf, die Wolkenbildung verhindert und dafür sorgt, daß das Wetter fast konstant gut ist.

BESICHTIGUNGEN

Rybatschij/Rossitten (D 2)
Die Alte Poststraße ist immer noch die Hauptverkehrsader. Bei km 22 befindet sich die berühmte Vogelwarte von Rossitten mit ihren riesigen Fangnetzen. Bis zu 100 000 Vögel im Jahr werden hier bei ihren Zügen von Norden nach Süden und umgekehrt in den Netzen gefangen, zappelnd in kleine Säckchen verfrachtet, mit winzigen Aluminiumringen versehen und wieder freigelassen. Durch die Kennzeichnung erforschen die Ornithologen die Zugbahnen der Vögel. Schon im Mittelalter wurden auf der Nehrung Falken eingefangen und als begehrte Jagdvögel an europäische Fürstenhöfe verkauft. Die »Vogelwarte Rossitten der Kaiser-Wilhelm-Gesellschaft« wurde 1901 von dem nach Rossitten berufenen Pfarrer Johannes Thienemann gegründet, dessen Leidenschaft die Vogelbeobachtung war. Er beringte vor allem Schwalben – mit Streifen eines fein zerschnittenen silbernen Kirchentellers, was ihm gehörigen Ärger mit seiner kirchlichen Behörde eintrug, und erbrachte den Beweis, daß die tausendköpfigen Vogelschwärme Strecken von über 10 000 km zurücklegen.

In Rossitten steht eine ursprünglich evangelische Kirche von 1873, die heute von der orthodoxen Kirche genutzt wird und nach dem heiligen Sergij Radoneschski benannt ist. Unter einer mächtigen Eiche auf dem Gebiet der ehemaligen, heute nicht mehr genutzten Vogelwarte liegt ein großer Findling, dessen Inschrift auf den Besuch des Reichskanzlers Bismarck 1886 hinweist. Der Name des Dorfes ist untrennbar verbunden mit der deutschen Segelfliegerei. Die Thermik, die im Grenzbereich von heißem Sand und kühlem Wasser entsteht, begünstigt das lautlose Schweben. Die Fluggeräte erhoben sich von den Dünen, 1924 wurde ein Weltrekord aufgestellt – 9 Stunden und 21 Minuten kreiste der Ostpreuße Ferdinand Schulz in seiner »Besenstiel-Kiste« in der Luft. Heinz Rühmann drehte hier den Erfolgsfilm »Quax in Afrika«.

Morskoje/Pillkoppen (D 2)
★ Letztes Dorf auf russischem Gebiet, eine verschlafene und von der Zivilisation vergessene Nehrungssiedlung, nur noch von etwa 100 Menschen vorwiegend älteren Semesters bewohnt, die mit der dauernden Angst vor der Wanderdüne leben müssen. Zweimal schon wurde das Dorf verschüttet. Der Friedhof auf der Düne am Haff ist wieder einigermaßen hergerichtet. Von der alten Ritterburg und dem Turm sind nur noch Ruinen übrig. Der Rest der im Dorfzentrum versammelten dekorativen Holz- und Steinhäuser mit den geschnitzten Firsten läßt einstige Pracht zumindest noch erahnen. Die wahre Pracht von Pillkoppen ist heute seine größte Gefahr, die Dünen, darunter die höchste, das Dorf überragende **»Düne Epha«.** Sie ist nach dem Düneninspektor Franz Epha benannt, der Ende des 19. Jhs. durch die

Das Blau von Nidden – typisches Holzhaus in Litauen

Befestigung der Dünen zum Erhalt der Landschaft der Kurischen Nehrung beitrug und Pillkoppen rettete. Empfehlenswert ist eine Wanderung durch das Dünengebiet, wobei man über verschüttete Ortschaften hinwegstapft. Das Haff schimmert an Sonnentagen wie ein opalener Spiegel, der Anblick von grellweißem Sand und hell- bis tiefblau gestaffeltem Wald bringt eigentümliche Gefühle in Wallung. Das ist ein verzaubertes, verzauberndes Land, mit bizarren Wellenfurchen im Sand und vom Windschliff gezeichnet.

Nida / Nidden   (D 1)

★ Die gesamte Einwohnerschaft hatte sich am Anlegesteg versammelt, als sich das Dampfschiff aus Cranz übers silberne Haff näherschob. Eine Kutsche stand bereit für die Ehrengäste. Thomas Mann, frisch gekürter Nobelpreisträger der Literatur, traf mit Gemahlin Katia, den Kindern und der Haushälterin in der Sommerfrische ein. Er hatte sich in Nidden ein Haus auf dem Schwiegermutter-Hügel (benannt nach einer alten Sage) bauen lassen und nahm es nun in Besitz. Der Pachtvertrag lief über 99 Jahre. Herbert Reissmann, Architekt aus Memel, hatte das Haus nach den Wünschen der Manns gebaut. »Alles war furchtbar einfach«, notierte Thomas Mann 1930. »Wir kamen an und saßen auf der Veranda unseres Hauses, als ob es schon immer so gewesen wäre…« Furchtbar einfach ist es nicht mehr, nach Nidden (3 000 Ew.) zu gelangen. Es gehört zwar aus historischer Sicht zum nördlichen Ostpreußen, liegt aber im Memelland – unter litauischer Staatshoheit. Für das Visum zur Grenzüberquerung muß vorher gesorgt werden, die Abfertigung kann langwierig sein. Geduld ist dann angebracht. Nidden, litauisch Nida, wurde 1437 gegründet, zweimal unter den Dünen begraben und neugegründet. Von einem ⚜ Aussichtspunkt am Ortseingang, gleich hinter der Tankstelle rechts, läßt sich das Städtchen mit dem Leuchtturm und dem Hafen, mit seinen pittoresken Holzhäusern und Staketenzäunen, den Gärten, in denen Rote Bete neben Ringelblumen und Lupinen zwischen Tomaten wuchern, gut überblicken. Es ist eingefaßt von Dünen und sieht aus, als wäre es vor hundert Jahren eingepackt und erst kürzlich wieder ausgewickelt worden.

Auf einem kleinen Hügel über dem Zentrum steht die 1888 erbaute neogotische Kirche, die nach wie vor evangelisch-lutherisch ist, heute jedoch von der katholischen Gemeinde ebenfalls genutzt werden darf. Die Innenausstattung ist 1992 wiederhergestellt worden. Dahinter liegt der alte Friedhof mit kurischen Grabzeichen: Sonne, Mond, Tiere und Pflanzen. Geschnitzte, verwitterte Totentafeln, auf denen viele Namen von Verstorbenen nicht mehr lesbar sind. Der Waldfriedhof ist der vielleicht ruhigste und eigenartigste Flecken auf der wie eine Mondsichel ins Wasser ragenden Nehrung. Während der Wind leise die Kiefern zaust, wird man beim Anblick des Grases, das über die Gräber wuchert, unvermeidlich an das menschliche Kommen und Gehen erinnert. Das Traditionshotel Haus Blode (Jurate) war einst Treffpunkt der Niddener Künstlerkolonie, zu der die Maler Max Pechstein, Karl Schmidt-Rottluff, Lovis Corinth und viele andere gehörten. Leidlich erhalten ist die Haff-Promenade, von der aus noch einige Kurenkähne zu sehen sind.

Ethnographisches Museum

Hier wird das bescheidene Leben der Kuren dargestellt. Ein altes Holzhaus ist angefüllt mit dem Hausrat einer typischen Fischerfamilie. Schautafeln erläutern Sitten und Gebräuche, vor allem aber den Alltag der Menschen auf der Halbinsel. *Nagliu gatve 4, Mi–So 11–19 Uhr, Winter 10 bis 17 Uhr, Eintritt 1 Lit*

Freilichtmuseum Smiltyne

An der nördlichsten Spitze der Kurischen Nehrung, gegenüber der Stadt Klaipeda auf dem Festland, befindet sich eine Anlage mit mehreren nachgebauten Fischerhäusern im Traditionsstil. Die Dächer sind mit Reet gedeckt, die Böden aus Lehm gestampft, die Zäune aus Ästen gesteckt. *Di–So 11–19 Uhr, Eintritt 2 Lit*

Thomas-Mann-Haus

Das Haus, 1968 als Gedenkstätte eröffnet, 1983 rekonstruiert, wenn auch nicht originalgetreu, ist von mächtigen knorrigen Kiefern umstellt. Drinnen sind Fotos und Zeitschriften, Bücher und Briefe des Meisters ausgestellt. Die Möbel sind nicht mehr vorhanden. Im unteren Wohnbereich saßen die Manns um den Kamin, hörten vom Grammophon Musik von Richard Wagner. Im Mansardenzimmer unterm Dach schrieb Thomas Mann jeden Vormittag an dem Zyklus »Joseph und seine Brüder« – dann mußte die Familie auf Zehenspitzen durch die Flure schleichen. Wer durchs Haus läuft, braucht Imagination, denn die Ausstellungsstücke sind karg gesät – das Haus ist das eigentliche Ausstellungsobjekt. Der Weg, den Thomas Mann zu seinem Haus führen ließ, windet sich aus einem Nebental über den Rücken der Düne sachte hinauf und führt am Haus vorbei zur Kuppe, von wo aus man eine beeindruckende ☙ Aussicht nicht nur auf das Haff, sondern auch auf die Dächer des Städtchens hat. Das Haus steht an der windabgewandten Seite der Nehrung, auf einer 40 m hohen Düne.

Nur drei Sommer lang, jeweils von Juli bis Anfang September, konnte die Familie ihr Haus am Haff genießen. 1932 bestiegen die Manns das Dampfschiff nach Cranz zum letzten Mal, ein Jahr später verließen sie Deutschland. Sie haben Nidden nie wiedergesehen. Im Haus mit dem Italienblick werden gelegentlich literarische Lesungen zu Ehren des Schriftstellers gehalten, es soll zum Kulturzentrum werden. *Skruzdynes gatve 17, Di–So 11 bis 19 Uhr, Eintritt 1 Lit*

RESTAURANTS

Antis
Freundliche Bedienung in der *Kastycio Villa. Tgl. 12–23 Uhr, Pamario gatve 7, Tel. 059/527 51, Kategorie 2*

Peteris
Bestes Restaurant von Nida. Köstliche Speisen, vor allem Fischgerichte, z.B. Aalsuppe mit Fischen aus dem Haff. *Taikos gatve 13, Tel. 059/511 99, Mo 15–24, Di–So 12–24 Uhr, Kategorie 1–2*

Seklycia
Caféähnliches Lokal am Haff, in dem man die litauischen Gerichte auch draußen probieren kann, z.B. *cepelinai*, mit Hackfleisch gefüllte Kartoffelklöße. *Lotmiskio gatve 1, Tel. 059/529 45, tgl. 9–23 Uhr, Kategorie 2–3*

Sena Sodyba
☙ Kleines Privatrestaurant in einem alten Fischerhaus, im Sommer wird auch im üppig blühenden Garten aufgetischt. Spezialität des Hauses sind die *lietiniai*, mit Quark gefüllte Pfannkuchen in Himbeersoße. *Nagliu gatve 6, tgl. 9–22 Uhr, Kategorie 2–3*

EINKAUFEN

Gintaro Galeria
Hier wird Bernstein verkauft. *Mo–Sa 10–19 Uhr, Pamario gatve 20*

UNTERKUNFT

Märchenhaus
Romantisches Quartier für zwei. Das frühere Sommerhaus des Fotografen Paul Isenfels, reetgedeckt und traditionell eingerichtet, hockt auf einem Hügel an einem Kiefernwald und bietet einen ☙ wunderbaren Blick übers Haff. Das 2-Zimmer-Apartment ist nur zu buchen über Litauen Reisen GmbH (*Judenbühlweg 46, 97082 Würzburg, Tel. 0931/842 34, Fax 864 47, eine Woche pro Person inklusive Halbpension 450 Mark, mit Flug Frankfurt–Palanga und Programm ab 1165 Mark*).

Jurate
Traditionshotel, hieß vor dem Krieg Königin Luise. Großer Komplex mit mehreren Häusern, Friseur, Schwimmbad, Massageräumen, Sauna und Fitneß-

Studio. Es gibt sogar deutschsprachige Zeitungen. *220 Zi., Pamario gatve 3, Tel. 059/526 18 und 526 19, Fax 511 18, Kategorie 1–2*

Rasyte

Hübsches kleines Hotel im alten Dorfkern. *8 Zi., Lotmiskio gatve 11, Tel. 059/525 92, Kategorie 3.* DNV-Tours *(Max-Planck-Str. 10, 70806 Kornwestheim, Tel. 07154/ 13 18 30, Fax 13 18 33)* bietet eine Woche Rasyte mit Halbpension und Flug Frankfurt–Palanga ab 1098 Mark.

Hotel Skalva

Eine Viertelstunde Fußweg von Nida, direkt am Haff gelegen. *45 Zi., Purvynes gatve 19, Tel. 059/ 523 46, Kategorie 3.* Rautenberg-Reisen *(Blinke 8, 26769 Leer, Tel. 0491/92 97 03, Fax 92 97 07)* offeriert eine Woche mit Halbpension und Flug Frankfurt–Palanga in diesem Hotel ab 1278 Mark.

SPORT

Fahrrad- und Angelverleih

Im Hotel Jurate werden rustikale Treträder russischer Bauart ausgeliehen. Auch Angelausrüstungen können gemietet werden. *Tgl. außer Sa 9–12 und 15–21 Uhr, Pamario gatve 3, Tel. 059/ 526 18/19*

AUSFLÜGE

Kurenkahnfahrt

Im flachen Wasser des Haffs war der Kurenkahn, ein einfaches Segelboot, jahrhundertelang das wichtigste Fortbewegungsmittel. Heute kann man mit dem rustikalen Kahn eine Fahrt übers Haff machen, das Schiff startet von Mitte Mai bis Ende September jeden Abend um 19 und um 20 Uhr am Kai der Hafenmole von Nida. Die Fahrt geht ins Nemunas-Delta zur Vogelkoje bei Ventje (Windenburger Ecke) oder nach Minija, einem alten Bauerndorf. *Sofija Armonaviciene und Aurelijus Armonavicius, Buchung an der Rezeption des Hotels Jurate, Pamario gatve 3, Tel 059/526 18/19 oder über Litauen Reisen GmbH (Judenbühlweg 46, 97082 Würzburg, Tel. 0931/842 34, Fax 864 47).*

Künstlerbesuch

Duardas Jonusas hat unter Stalin in einem sibirischen Lager gesessen. Um seine schrecklichen Erlebnisse zu überstehen, fing er zu malen an. In seinem selbstgebauten Haus bei der Parnidos-Düne, in einem Gewirr aus Baumstämmen, Fischernetzen, Petroleumlampen und Samowaren, malt er seine dunklen Bilder, die er auch ausstellt und verkauft. Er stellt auch die Bilderrahmen her und restauriert die Grabtafeln des Waldfriedhofs von Nida. Das Haus des in Litauen berühmten Malers und Bildhauers ist an dem frisch gestrichenen, kunstvoll aus Holz geschnitzten Kurenkahnwimpel zu erkennen, einer Wetterfahne vom Segelboot eines Fischers, die sich im Wind dreht.

AUSKUNFT

Touristinformation AGILA

Taikos gatve 4, LT-5870 Nida, Tel. 059/523 45, tgl. außer Sa nachmittags So 10–17 Uhr

Baltische Fremdenverkehrszentrale

Woldsenstr. 36, 25813 Husum, Tel. 04841/30 04, Fax 21 09

Von Auskunft bis Zoll

Hier finden Sie kurzgefaßt die wichtigsten Adressen und Informationen für Ihre Reise ins nördliche Ostpreußen

AUSKUNFT

Informationsbüro für Touristen

Friedrichstr. 176–179, 10117 Berlin, Tel. 030/20 30 22 57, Fax 20 30 22 58

Generalkonsulate der Russischen Föderation

Am Feenteich 20, 22085 Hamburg, Tel. 040/229 52 01 u. 229 53 01 Visaabteilung Tel. 227 63 80, Fax 229 77 27 Thünenstr. 3, 18057 Rostock, Tel. 0381/492 27 42 Reichensteiner Weg 34–36, 14195 Berlin, Tel. 030/832 70 04, -5 Seidlstr. 28, 80335 München, Tel. 089/59 25 28

Botschaft der Republik Litauen

Argelander Str. 108a, 53115 Bonn, Tel. 0228/91 49 10

ARZT

Achten Sie darauf, vor der Reise Ihren Impfschutz gegen Diphterie überprüfen zu lassen: Die bereits besiegt geglaubte Diphterie hat sich seit 1990 in ganz Osteuropa stark ausgebreitet. Auch der Abschluß einer Reise-Auslandskrankenversicherung ist empfehlenswert. Medikamente sollten mitgenommen werden. Ärztliche Behandlungen in Polikliniken oder durch den Notarzt und auch Krankenhausaufenthalte sind in Rußland kostenlos. Medikamente müssen bezahlt werden. Erste-Hilfe-Notruf: *03*. Auch der Dolmetscherdienst kann befragt werden: *Tel. 0112/27 16 59 oder 27 30 48*. Akute zahnärztliche Hilfe gibt es im Kaliningrader Hotel Tourist, *ul. A. Newski 53, Tel. 0112/45 56 30*

AUTO

Individualreisen mit dem eigenen Auto sind möglich; die Reiseart muß bei der Visabeantragung mit angegeben werden. Man sollte darauf achten, daß sich der Wagen in einem guten technischen Zustand befindet. Wartungsarbeiten und Reparaturen am russischen Zielort sind nämlich meistens zeitaufwendig, teuer und oft auch – wegen fehlender Ersatzteile – kompliziert und meist nur provisorisch. Für die Durchreise durch Polen ist die grüne Versicherungskarte erforderlich. Für die Länder der

Russischen Föderation und Litauen sollte man bei seiner Kfz-Versicherung eine Erweiterung des Versicherungsschutzes beantragen, am besten mit Vollkasko und einem Kfz-Euro-Schutzbrief. Ein Autoreisezug verkehrt zur Zeit nicht.

BANKEN/GELDWECHSEL

Geldwechsel
Die russische Währung hat sich seit 1994 etwas stabilisiert. Seitdem wird auch nur noch in Rubel bezahlt, nicht mehr, wie vorher, in Mark oder Dollar. Rubel dürfen weder ein- noch ausgeführt werden, ausländische Währungen dagegen können in beliebiger Menge eingeführt werden, wobei darauf zu achten ist, daß man unversehrte, glatte, saubere Scheine mit sich führt. Für abgenutzte Scheine gibt es bei der Umtauschaktion pauschale Abschläge von bis zu zehn Prozent! Das Geld muß bei der Einreise deklariert werden, damit es auch wieder ausgeführt werden darf. Umtauschbelege unbedingt aufbewahren! Getauscht werden kann in Banken und Wechselstuben, außerdem in größeren Hotels. Weil die Kurse schwanken, ist es sinnvoll, sie zu vergleichen. Unter *Tel. 0112/ 21 96 15* ist der aktuelle Tageskurs zu erfragen. Traveller- und Euroschecks werden nicht überall akzeptiert, mitunter wollen die Bankangestellten die im Heimatland ausgestellte Quittung für den Kauf der Reiseschecks sehen. Die Banken haben von 9 bis 13 und 14 bis 18 Uhr geöffnet. Kreditkarten werden nur in besseren Restaurants und den größeren Hotels als Zahlungsmittel verwendet.

DIPLOMATISCHE VERTRETUNGEN

Botschaft der Russischen Föderation in Deutschland
Waldstr. 42, 53177 Bonn, Tel. 0228/31 20-74, -86, -87, -92

Generalkonsulat der Russischen Föderation in Österreich
Bürglsteinstr. 2, 5020 Salzburg, Tel. 0662/241 84

Botschaft der Russischen Föderation in der Schweiz
Brunnadernstr. 53, 3006 Bern, Tel. 031/352 05 67

Botschaft der Bundesrepublik Deutschland
ul. Mosfilmovskaja 56, 119258 Moskau, Rußland, Tel. 095/956 10 80

Botschaft der Republik Österreich
Starokonjuschennyj Per. 1, Moskau, Tel. 095/220 20 43, Fax 220 21 02 (Konsularabteilung: Tel. 095/ 201 73 17)

Botschaft der Schweiz
Per. Stepani 2/5, Moskau, Tel. 095/925 53 22 und 925 52 89, Fax 200 17 28

FOTOGRAFIEREN

Militärangehörige und militärische Einrichtungen dürfen grundsätzlich nicht abgelichtet werden. Auch Brücken, Bahnhöfe, Schienen- und Fabrikanlagen, Flughäfen und Grenzbereiche unterliegen einem offiziellen Fotografierverbot. Filmmaterial und Batterien sind nicht überall erhältlich und sollten deshalb in jedem Fall ausreichend mitgebracht werden.

NOTRUF

Miliz (Polizei): *02*
Erste Hilfe: *03*
Feuerwehr: *01*
Taxiruf: *058*

ÖFFNUNGSZEITEN

Lebensmittelgeschäfte sind von 7 bis 19, teilweise bis 21 Uhr geöffnet; 14–15 Uhr sind viele wegen der Mittagspause geschlossen. Alle anderen Läden und Kaufhäuser sind 10–19 Uhr geöffnet und ebenfalls 14–15 Uhr geschlossen. Viele Geschäfte und Kaufhäuser sind auch an Sonn- und Feiertagen geöffnet. Behörden halten ihre Amtsstuben Mo–Fr 9–16, mitunter auch bis 17 Uhr geöffnet, 12–13 oder 13–14 Uhr sind sie verschlossen – die Bürokratie ruht.

POST/TELEFON

Post- und Telegrafenämter sind überwiegend von 8 bis 18 Uhr geöffnet. Ein Brief innerhalb Rußlands kostet etwa 15 Pfennige, außerhalb Rußlands 45 Pfennige. Nach Deutschland, Österreich und in die Schweiz sind Postsendungen etwa zwei Wochen unterwegs, auch wenn sie als Luftpostbriefe deklariert werden. Im Königsberger Postamt am *pr. Mira 80* gibt es einen Schalter für internationale Schnellsendungen, der Mo–Fr 13–16 Uhr geöffnet ist.

Internationale Telefonate werden von Telegrafenämtern aus geführt und kommen nach der Verbesserung der Kommunikationsleitungen relativ schnell zustande. Mo–Fr kostet die Minute nach Deutschland, Österreich oder in die Schweiz etwa 2 DM, Sa ist Telefonieren um die Hälfte billiger. In den großen Hotels von Königsberg und in immer mehr Restaurants und an anderen öffentlichen Orten stehen Kartentelefone zur Verfügung, von de-

nen aus direkt durchgewählt werden kann. Dort werden auch die Karten direkt verkauft. Für Telefonate von öffentlichen Geräten *(meschdugoródnyj telefón)* aus werden Jetons zum Preis von 20 Rb (etwa 5 Pfennige) benötigt. Wer aus einer öffentlichen Telefonzelle innerhalb der Oblast telefoniert, muß immer zuerst eine *8* wählen, dann den langen Ton abwarten und die Ortsvorwahl eingeben. Einzig Königsberg, das auch vom Ausland aus direkt angewählt werden kann, bildet da eine Ausnahme: Vorwahl *0112* ohne vorangestellte *8.* Die Telefonauskunft für Königsberg ist unter Tel. *09,* für die gesamte Oblast unter Tel. *070* zu erreichen. Sie vermittelt auch nationale Verbindungen; Fernamt für internationale Telefonate: *071.* Die Telegrammannahme hat die Nr. *066.* Vorwahlen von Rußland: *1049* Deutschland; *1043* Österreich; *1041* Schweiz. Rußland wird aus dem Ausland unter der Nr. *007* angewählt, Königsberg *0070112.*

REISEPAPIERE

Die russischen Behörden sind wahre Bollwerke der Bürokratie – unerschütterlich. Flexibilität sollte nicht erwartet, das Einhalten der Formalitäten strikt beachtet werden. Wichtigster Punkt: Rechtzeitige Beantragung aller Papiere. Die Einreise in die Russische Föderation erfolgt mit einem gültigen Visum, das in einem russischen Konsulat mindestens vier Wochen vor der Reise beantragt werden muß. An der polnisch-russischen Grenze werden keine Visa ausgestellt. Das Visum gilt maximal 30 Tage und berechtigt nur zur einmaligen Ein- und Ausreise in die Kaliningradskaja Oblast. Wer die gesamte Nehrung besuchen will, also neben dem russischen auch den litauischen Teil (mit Nidden), muß das bereits bei der Reiseplanung einkalkulieren: Nicht ein einmaliges, sondern ein Mehrfach-Einreisevisum für Rußland beantragen. Wer mit einem einfachen Einreisevisum zum Tagesausflug nach Litauen ausgereist ist und am Abend wieder in sein russisches Hotel zurück möchte, wird von den Grenzern nicht mehr durchgelassen. Auch das Visum für Litauen am besten schon vor der Reise beantragen. Die Visaanträge können über ein Reisebüro oder per Post eingereicht werden, das persönliche Erscheinen auf einem der Konsulate kann den Vorgang, so ein Erfahrungswert, erheblich beschleunigen *(Mo–Fr 9–12 bzw. 13 Uhr)*. Mitzubringen sind Reisepaß (keine Paßkopie) oder Kinderausweis; beide sollen mindestens noch sechs Monate gültig sein. Nur wenn der Visaantrag komplett ausgefüllt ist und drei identische Paßbilder beiliegen (keine Glanzfotos wegen des Tintenstempels), wird er bearbeitet. Individualreisende benötigen außerdem eine Reisebestätigung, z.B. die Einladung eines russischen Gastgebers oder einen Hotelgutschein mit Lizenznummer, auch Referenznummer genannt. Bei Pkw- und Motorrad-Reisen sind Kennzeichen, Modell und Grenzübergang anzugeben. Aussiedler aus Rußland oder der ehemaligen Sowjetunion, die deutsche Staatsbürger geworden sind, müssen zudem eine Kopie ihrer Ausbürgerungsurkunde vorwei-

sen. Die Kosten für ein Touristenvisum liegen zwischen 55 und 65 Mark, bei Expreßbearbeitung – nur bis 6 Tage vor der Abreise möglich – bei 150 Mark. Ein Beleg der Scheck- oder Postüberweisung muß den abzugebenden Visaunterlagen beigelegt sein, ebenso ein frankierter Einschreiben-Rückumschlag. Bei Gruppenreisen erledigt das der Veranstalter. Privatreisende sollten nach Erhalt des Visums sofort prüfen, ob alles ordnungsgemäß ist. Die anfallenden Gebühren werden eingezahlt auf das *Konto der Botschaft der Russischen Föderation 30 178 505 beim Postgiroamt Köln (BLZ 370 100 50)*. Wer es nicht rechtzeitig mit der Beantragung geschafft hat, dem gibt der Spezialveranstalter Merkur-Reisen GmbH *(Abt. Visaexpress, Alte Heerstr. 6, 53757 Sankt Augustin)* noch eine Chance. Über die Hotline *Tel. 02241/340 34, Fax 33 70 97*, wird 9–18 Uhr Auskunft erteilt. Das Unternehmen beschafft Visa und bucht Flug und Hotel; das ist dann allerdings nicht ganz billig.

SPERRGEBIETE

Die Kaliningradskaja Oblast ist militärische Zone. Die daraus resultierenden Besonderheiten sollte man strikt beachten, um nicht in Schwierigkeiten zu geraten. Wichtigste Regel: Uniformierte haben immer recht! Die 5 km breiten Grenzschutzgürtel entlang der Staatsgrenzen und die Stadt Pillau/Baltijsk sind militärisches Gebiet und dürfen nur mit Sondergenehmigung betreten werden. Pillau ist freilich nicht hermetisch abgeriegelt, dorthin kann man mit einem einheimischen Fahrer gelangen, der eine Sondergenehmigung besitzt; das sind praktisch alle motorisierten Einwohner der Stadt. Wer einen Ort im Grenzschutzbereich besuchen möchte, braucht eine (kostenlose) Genehmigung, die von den Grenztruppenkommandanturen erteilt wird.

Auch Truppenübungsplätze, Militärflugplätze und andere Orte, an denen sich Uniformierte konzentrieren, sollte man umfahren. Diese Sperrbezirke sind durch Warnschilder gekennzeichnet: auf einem roten Kreis erscheint ein weißer Balken. Auch verkehrsberuhigte Zonen in Kurorten sind auf diese Weise ausgewiesen.

STROMSPANNUNG

230 Volt, aber nur in den neuen Hotels passen deutsche Stecker. Am besten reist man mit einem Adapter.

TRINKGELD

Nicht zu knausrig sein! Kellner und Taxifahrer erhalten zehn bis 20 Prozent, Zimmermädchen und Kofferträger ebenfalls einen angemessenen Betrag. Rußland verzeichnet eine Hyperinflation. Ein Trinkgeld unter 10 000 Rb. ist heute kein Trinkgeld mehr, sondern ein Almosen. Die früher üblichen Naturaliengaben sind nicht mehr nötig, weil es inzwischen fast alles zu kaufen gibt.

UNTERKUNFT

Nobelherbergen gibt es (noch) nicht, aber das Angebot wird von Jahr zu Jahr besser. In den größe-

ren Städten gibt es Hotels, die etwa in den Drei-Sterne-Bereich einzustufen sind. Die Provinzherbergen sind unschlagbar preisgünstig, aber gewöhnungsbedürftig. Nicht immer funktioniert alles, nicht automatisch hat jedes Zimmer ein Bad, und die Holzhäuschen innerhalb der Feriensiedlungen an der Ostseeküste, am Frischen Haff und auf der Kurischen Nehrung liegen zwar in malerischer Umgebung, kommen aber überwiegend ohne jeglichen Komfort aus. Es ist empfehlenswert, vor Reiseantritt zu buchen. Jugendherbergen gibt es bisher nicht, aber allmählich im Kommen ist der Campingtourismus an der Bernsteinküste. Das deutsch weißrussische Camping unternehmen Camping Perestroika *(c/o Country Camping Schinderhannes, 56291 Hausbay/Pfalzfeld, Tel. 06746/16 74 und 84 70, Fax 82 14)*, erteilt Auskunft und bietet geführte Camping-Gemeinschaftsfahrten an.

VERANSTALTER

Eine Reise in die Oblast Kaliningrad mit einem Veranstalter ist einfacher zu organisieren als eine individuelle Tour, weil die Reisegesellschaft für alle Formalitäten aufkommt. Hier drei der wichtigsten Veranstalter:

DNV-Tours
Postfach 1367, 70797 Kornwestheim, Tel. 07154/13 18 30, Fax 13 18 33
Ost Reise Service
Artur-Ladebeck-Str. 139, 33647 Bielefeld, Tel. 0521/14 21 67 und 14 21 68, Fax 15 25 55
Schnieder Reisen
Harkortstr. 121, 22765 Hamburg, Tel 040/38 02 06 69, Fax 38 89 65

VERKEHRSREGELN

In Rußland herrscht Rechtsverkehr, die Pflicht zum Anschnallen und absolutes Alkoholverbot. Innerhalb von Ortschaften darf 40–60 km/h gefahren werden, außerhalb 90 km/h. Vor jedem Bahnübergang steht ein Stoppschild. Ansonsten gelten die internationalen Verkehrsregeln. Man sollte grundsätzlich vorund umsichtig fahren, auf Schlaglöcher gefaßt sein, Lastwagen beachten, die gelegentlich Teile ihrer Ladung verlieren und nachts beim Durchfahren von Ortschaften höchst aufmerksam sein, da es nicht überall eine ausreichende Straßenbeleuchtung gibt. Verkehrskontrollen sind an der Tages-, vor allem der Nachtordnung und finden häufig an Ausfallstraßen der Städte statt. Sie werden aus Verkehrssicherheitsgründen durchgeführt, da es in kleineren Ortschaften keine Polizeistationen gibt.

VERSTÄNDIGUNG

Die Russen sind überwiegend sehr hilfsbereit, immer mehr von ihnen sprechen – wenigstens teilweise – Deutsch und Englisch. Die meisten beherrschen jedoch kein fremdes Idiom. Da zudem alle offiziellen Verkehrs- und Hinweisschilder sowie Schriftwechsel in kyrillischer Schrift verfaßt sind, empfiehlt sich zumindest die Mitnahme eines Wörterbuches oder Glossars. Am besten ist der präpariert, der die kyrillischen Buchstaben lesen lernt – was bei der Anreise für die rechte Einstimmung sorgt und gar nicht so schwer ist, wie es anfangs scheint.

WICHTIGE RUFNUMMERN IN KALININGRAD

Adressenauskunft: *21 49 59*
Dolmetschervermittlung:
  21 76 49, 27 16 59, 27 30 48
Grenztruppenkommandantur:
  49 90 75
Hafenpolizei: *44 69 61*
Paßabteilung: *21 68 77*
Taxiruf: *44 23 84 und 21 26 27*
Visa und Registrierung: *21 73 21*

ZEIT

Die Zeit in Ostpreußen ist der mitteleuropäischen (MEZ) um eine Stunde voraus. Auf Flughäfen gilt Moskauer Zeit, die der MEZ um zwei Stunden und der Königsberger um eine Stunde voraus ist. Die Termine für die Sommerzeit sind den mitteleuropäischen angeglichen.

ZOLL

Verboten ist die Einfuhr von Rubel, Goldmünzen, pornographischen Magazinen, Büchern und Videos, Rauschgift, Waffen und Munition. Das Mitführen von Jagdwaffen bedarf einer Genehmigung oder eines Visaeintrags. Persönlicher Reisebedarf und Medikamente können problemlos eingeführt werden. Geschenke dürfen bis zu einem Wert von umgerechnet 100 Mark eingeführt werden. Alkoholische Getränke bis zu zwei Litern (unter 15 Prozent) bzw. bis zu einem Liter (über 15 Prozent). Parfüms und Kosmetika nur bis zu einem Wert von umgerechnet 100 Mark, Kaffee und Tee bis zu 50 Mark, Tabakwaren bis zu 200 Stück (Zigaretten) oder 50 Stück (Zigarren) oder 50 Gramm (Pfeifentabak). Kfz, elektronische Geräte, CB-Funk, Autotelefon, Fotoapparat und Videokamera, Kleinmotorräder, Fahrräder und Surfbretter dürfen mitgeführt werden, müssen aber an der Grenze deklariert und wieder ausgeführt werden. Devisen und sämtliche persönlichen Wertgegenstände sind ebenfalls in die Zollerklärung einzutragen, die bei der Ausreise wieder vorgelegt werden muß. Ikonen und Antiquitäten dürfen nur mit spezieller Genehmigung und gegen hohe Gebühren ausgeführt werden. Edelmetalle und -steine, Kaviar und Pelze werden nur außer Landes gelassen, wenn sie für Devisen oder offiziell bei einer Bank eingetauschte Rubel eingekauft wurden. Die Zöllner wollen Kaufquittungen bzw. Wechselbelege der Bank sehen. Der Kauf von Bernsteinschmuck muß durch eine Quittung belegt sein. Es ist sinnvoll, alle Quittungen aufzubewahren. Das Zollamt in Kaliningrad ist unter *Tel. 0112/44 20 14* zu erreichen.

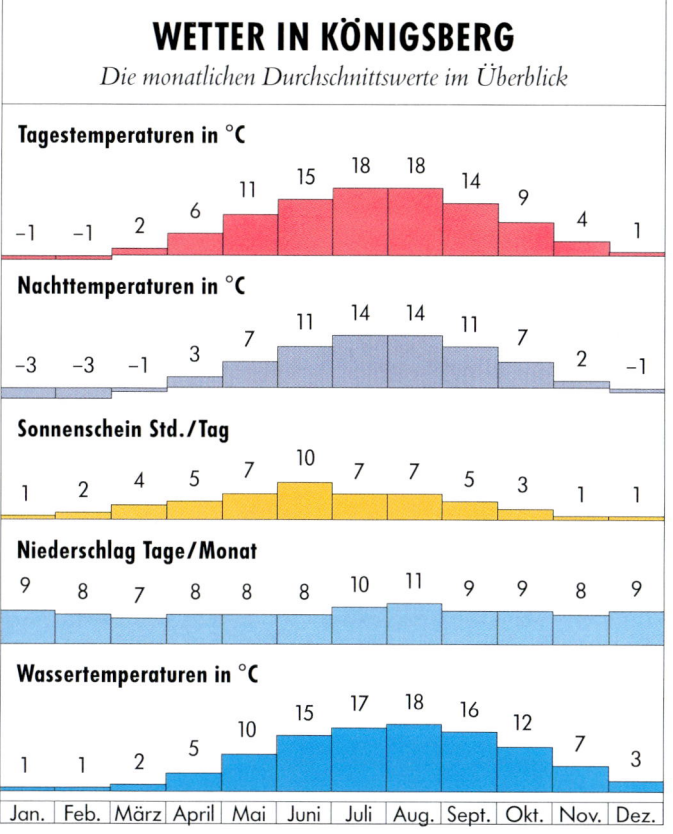

WETTER IN KÖNIGSBERG
Die monatlichen Durchschnittswerte im Überblick

Tagestemperaturen in °C

Jan.	Feb.	März	April	Mai	Juni	Juli	Aug.	Sept.	Okt.	Nov.	Dez.
–1	–1	2	6	11	15	18	18	14	9	4	1

Nachttemperaturen in °C

Jan.	Feb.	März	April	Mai	Juni	Juli	Aug.	Sept.	Okt.	Nov.	Dez.
–3	–3	–1	3	7	11	14	14	11	7	2	–1

Sonnenschein Std./Tag

Jan.	Feb.	März	April	Mai	Juni	Juli	Aug.	Sept.	Okt.	Nov.	Dez.
1	2	4	5	7	10	7	7	5	3	1	1

Niederschlag Tage/Monat

Jan.	Feb.	März	April	Mai	Juni	Juli	Aug.	Sept.	Okt.	Nov.	Dez.
9	8	7	8	8	8	10	11	9	9	8	9

Wassertemperaturen in °C

Jan.	Feb.	März	April	Mai	Juni	Juli	Aug.	Sept.	Okt.	Nov.	Dez.
1	1	2	5	10	15	17	18	16	12	7	3

Bloß nicht!

Worauf man achten sollte, um sich nicht zu ärgern oder zu blamieren

Bernstein schmuggeln

Am Grenzübergang haben Zollbeamte schon Autos mit sehr wenig Benzin, aber einem vollen Tank konfisziert. Die Fahrer hatten versucht, im Benzintank Bernstein zu schmuggeln. Die Zollkontrollen sind streng, die Verstecke bekannt – es lohnt sich nicht, illegal Rohbernstein außer Landes bringen zu wollen. Die ansonsten nicht gerade sehr effiziente Polizei verzeichnet in puncto Aufklärung von Zollvergehen eine überraschend hohe Quote. Bernstein, den man selbst am Strand gefunden hat, darf in kleineren Mengen ausgeführt werden. Eine verbindliche Regelung gibt es allerdings nicht. Vorsicht ist also geboten.

Billigen Kaviar essen

Immer wieder wird, vor allem in Königsberg und den Orten an der Ostsee, Kaviar zu Dumpingpreisen angeboten. Man sollte ihn besser nicht verzehren, denn er ist oft überlagert oder gepanscht, was zu einer Eiweißvergiftung führen kann.

Billigen Wodka trinken

Wodka gilt in Rußland als Lebensmittel. Aber Vorsicht: Unter der 10 000-Rubel-Grenze lauert das Gift, so eine Lebenserfahrung der Russen. In der Heimat des Wodkas darf seit 1996 kein vaterländischer Schnaps mehr billiger als 9200 Rubel sein. Die bisherigen Mindestpreise wurden um mehr als ein Drittel angehoben. Düsterer Hintergrund der neuen Preisregelung: Schmuggler und illegale Produzenten sollen getroffen werden, zu Dumpingpreisen verschacherten sie Stoff, der häufig Alkoholvergiftungen verursachte. Wer zum Wodka greift, sollte darauf achten, daß es sich um keinen billigen Fusel handelt.

Sperrgebiete betreten

Truppenübungsplätze, Militärflugplätze und militärische Einrichtungen überhaupt sind Sperrbezirke, die durch Warnschilder mit einem weißen Balken auf rotem Kreis und einem Schild, auf dem die jeweiligen Durchfahrtsbedingungen aufgeführt sind, gekennzeichnet sind. Es ist nicht ratsam, sich dort aufzuhalten oder die Durchfahrtsregeln zu mißachten. Armeeangehörige können nämlich recht ungemütlich werden, wenn sie sich nicht ernst genug genommen fühlen. Da sie meist nur des Russischen mächtig sind, ist die Verständigung ohnehin sehr stark eingeschränkt.

Dieses Register besteht aus zwei Teilen. Im ersten Teil finden Sie alle im Reiseführer erwähnten Orte in alphabetischer Ordnung russisch/deutsch, im zweiten Teil steht der alte deutsche Ortsname voran. Kursive Ortsnamen geben die abweichende Schreibweise in den Karten wieder (siehe auch Kasten unten). Halbfette Seitenzahlen verweisen auf den Haupteintrag, kursive auf ein Foto.

Zur Transkription der russischen Ortsnamen

Im Text wird die in Deutschland übliche Duden-Transkription verwendet, auf den Karten jedoch die international übliche Schreibweise nach UN-Tabelle. Im Register sind deshalb bei größeren Abweichungen beide Versionen erfaßt: Tschistye Prudy findet man z.B. auch unter *Čistye Prudy,* Sowjetsk jedoch nicht noch einmal unter *Sovetsk.*

Was bekomme ich für mein Geld?

Das Preisniveau in der Kaliningradskaja Oblast ist niedrig, dennoch hat der Umgang mit der russischen Währung seine Tücken. Oberstes Gebot: Rubel gelten als so heilig, daß sie weder ein- noch ausgeführt werden dürfen. Das hat zur Folge, daß der Reisende sich gut überlegen sollte, wieviel Geld in der Landeswährung er erwirbt. Als Individualreisender braucht er – je nach Ansprüchen – relativ viel, denn bei allem, was er kaufen will, benötigt er Rubel. Mit Kreditkarten, Euroschecks und anderen Zahlungsmitteln kommt er nicht weit. Ist er Gruppenreisender, braucht er relativ wenig, denn er hat für die meisten Leistungen vor Ort bereits vor Reiseantritt gezahlt, logiert mit Halb- oder Vollpension und benötigt Kleingeld nur für Trinkgeld, den abendlichen Besuch an der Hotelbar und den Souvenirkauf. Aufgrund der horrenden Inflation können hier keine konkreten Preisbeispiele genannt werden. Nur soviel: Nahverkehrsmittel und Eisenbahn sind spottbillig, Taxifahrten sind günstig, ebenso die Dienstleistungen, der Eintritt für Museen, Kinos oder Diskotheken. Darauf zu achten ist auch, daß man beim Kauf von Rubel nur unversehrte Scheine bekommt. In Rußland werden verschmutzte, angerissene oder fleckige Scheine oft nicht akzeptiert. Bezahlt wird übrigens stets in Rubel, nicht mehr in Mark oder Dollar. Das bedeutet, daß man – auch als Gruppenreisender – immer Rubel in der Tasche haben muß, um zahlungsfähig zu sein. Geld tauschen kann man in den meisten größeren Hotels, bei Banken und in Wechselstuben. Der Kurs ist täglichen Schwankungen unterworfen, über den aktuellen Tageskurs informiert *Tel. 0112/21 96 15.* Beim Ausflug auf die Kurische Nehrung können Sie mit Rubel weder ein Eis kaufen noch ein Mittagessen bezahlen; die russische Währung ist in Litauen unbeliebt. Sie können aber den Mark-Betrag, den Sie für den Tagesausflug benötigen, in Banken und am Hafen in Nidden/Nida eintauschen. Für 1 Mark erhalten Sie etwa 2 Lit.

Sprechen und Verstehen ganz einfach

Zur Erleichterung der Aussprache sind alle russischen Wörter mit einer einfachen Aussprache (in der mittleren Spalte) versehen. Die betonte Silbe ist im Russischen und in der Aussprache immer durch ein Akzentzeichen ´ markiert. Der Buchstabe "y" in der Aussprache wird wie ein "u" ausgesprochen, wobei die Lippen nicht gerundet, sondern wie beim "i" gespannt werden.

AUF EINEN BLICK

Ja./Nein.	da./njet.	Да./Нет.
Bitte.	paschálsta.	Пожáлуйста.
Danke.	spassíba.	Спасúбо.
Nichts zu danken.	njé-sa-schta.	Нé за что.
Verzeihung!	prastítje!	Простúте!
Wie bitte?	iswinítje, kak wy skasáli?	Извинúте, как Вы сказáли?
Ich verstehe Sie nicht.	ja was ni-panimáju.	Я Вас не понимáю.
Ich spreche nur wenig ...	ja gawarjú tólka nimnóga ...	Я говорю тóлько немнóго ...
Können Sie mir bitte helfen?	wy móschytje pamótsch mnje?	Вы мóжете помóчь мне?
Ich möchte ...	ja chatschú ...	Я хочý ...
gut/schlecht	charaschó/plócha	хорошó/плóхо
Haben Sie ...?	u-was jest ...?	У Вас есть ...?
Wieviel kostet es?	skólka éta stóit?	Скóлько э́то стóит?
Wieviel Uhr ist es?	katóry tschas?	Котóрый час?
Wo ist hier die Toilette?	gdje sdjes tualét?	Где здесь туалéт?

KENNENLERNEN

Guten Morgen!	dóbraje útra!	Дóброе ýтро!
Guten Tag!	dóbry djen!	Дóбрый день!
Guten Abend!	dóbry wjétschir!	Дóбрый вéчер!
Seien Sie gegrüßt!	sdrástwujtje!	Здрáвствуйте!
Willkommen!	dabró paschálawat!	Добрó пожáловать!
Wie geht es Ihnen?	kak u-was dilá?	Как у Вас делá?
Wie geht es dir?	kak u-tibjá dilá?	Как у тебя́ делá?
Danke.	spassíba.	Спасúбо.
Und Ihnen/dir?	a u-was/u-tibjá?	А у Вас/у тебя́?
Auf Wiedersehen!	da-swidánija!	До свидáния!
Tschüs!	paká!	Покá!

Auskunft

links/rechts	naljéwa / napráwa	налéво / напрáво
geradeaus	prjáma	прямо
nah/weit	blíska / dalikó	блúзко / далекó
Bitte, wo ist ...?	skaschýtje, paschálsta, gdje ...?	Скажúте, пожá-луйста, где ...?
Wie weit ist das?	kak éta dalikó?	Как это далекó?

Panne

Ich habe eine Panne.	u minjá awárija.	У меня авáрия.
Würden Sie mich bis zur nächsten Werkstatt mitnehmen?	wy ni-móschytje padwistí minjá da-blischájschtschi aftarimóntnaj mastirskój?	Вы не мóжете подвезтú меня до ближáйшей авторемóнтной мастерскóй?
Wo ist hier in der Nähe eine Werkstatt?	gdje sdjes pablísasti aftarimóntnaja mastirskája?	Где здесь поблú-зости авторемóнт-ная мастерскáя?

Tankstelle

Wo ist die nächste Tankstelle?	gdje blischájschtschaja aftasapráwatschnaja stánzyja?	Где ближáйщая автозапрáвочная стáнция?
Ich möchte ...	mnje núschna ...	Мне нýжно ...
... Liter ...	... lítraf ...	... лúтров ...
bleifreies/ verbleites Normalbenzin.	ni-etilírawanawa/ etilírawanawa binsína.	неэтилúрованного/ этилúрованного бензúна.
Super.	binsína s-wyssókim aktánawym tschisslóm.	бензúна с высóким октáновым числóм.
Diesel.	dísilnawa tópliwa.	дúзельного тóплива.
Volltanken, bitte.	sapráftje maschýnu, paschálsta.	Запрáвьте машúну, пожáлуйста.

Unfall

Hilfe!	pamagítje!	Помогúте!
Achtung!	wnimánije!	Внимáние!
Rufen Sie bitte schnell ...	wýsawitje býstra ...	Вýзовите быстро ...
... einen Krankenwagen.	... skóruju pómaschtsch.	... скóрую пóмощь.
... die Polizei.	... milízyju.	... милúцию.
... die Feuerwehr.	... paschárnuju kamándu.	... пожáрную комáнду.
Es war meine Schuld.	éta bylá majá winá.	Это былá моя винá.
Es war Ihre Schuld.	éta bylá wáscha winá.	Это былá Вáша винá.
Geben Sie mir Ihren Namen und Ihre Anschrift.	skaschýtje mnje wáschu famíliju i wasch ádris.	Скажúте мне Вáшу фамúлию и Ваш áдрес.

ESSEN

Wo gibt es hier ...	gdje sdjes ...	Где здесь ...
ein gutes Restaurant?	charóschy ristarán?	хоро́ший рестора́н?
ein nicht zu teures Restaurant?	nidaragój ristarán?	недорого́й рестора́н?

| Gibt es hier eine gemütliche Kneipe? | jest sdjes ujútnaje kafjé? | Есть здесь ую́тное кафе́? |

| Reservieren Sie uns bitte für heute abend einen Tisch für 4 Personen. | sarisirwírujtje nam na-siwódnischni wjétschir stol na-tschityrjóch tschilawjék, paschálsta. | Зарезерви́руйте нам на сего́дняшний ве́чер стол на четырёх челове́к, пожа́луйста. |

| Auf Ihr Wohl! | sa-wásche sdarówje! | За Ва́ше здоро́вье! |

| Bezahlen, bitte. | raschtschitájtis sa-mnoj, paschálsta. | Рассчита́йтесь со мной, пожа́луйста. |

| Hat es geschmeckt? | fkússna býla? wam panráwilas? | Вку́сно бы́ло? Вам понра́вилось? |

| Es war ausgezeichnet. | býla priwaßchódna. | Бы́ло превосхо́дно. |

ÜBERNACHTUNG

Können Sie mir ... empfehlen?	wy ni-passawjétujutje mnje ...?	Вы не посове́туюте мне ...?
ein gutes Hotel	charóschuju gastínizu	хоро́шую гости́ницу
eine Pension	tschássny panssión	ча́стный пансио́н

| Haben Sie noch Zimmer frei? | u-was jest swabódnyje namirá? | У вас есть свобо́дные номера́? |

| Ein Einzelzimmer ... | adnamjéssny nómir ... | Одноме́стный но́мер ... |

Ein Zweibettzimmer ...	dwuchmjéssny nómir ...	Двухме́стный но́мер ...
... mit Bad.	... s-wánnaj.	... с ва́нной.
... für eine Nacht.	... na-adnú notsch.	... на одну́ ночь.
... für eine Woche.	... na-nidjélju.	... на неде́лю.
... mit Blick aufs Meer.	... s-wídam na-mórje.	... с ви́дом на мо́ре.

Was kostet das Zimmer ...	skólka stóit nómir ...	Ско́лько сто́ит но́мер ...
mit Frühstück?	s-sáftrakam?	с за́втраком?
mit Halbpension?	s-sáftrakam i úschynam?	с за́втраком и у́жином?

PRAKTISCHE INFORMATIONEN

Arzt

Können Sie mir einen guten Arzt empfehlen?	wy móschytje passawjétawat mnje charóschywa wratschá?	Вы мóжете посовéтовать мне хорóшего врачá?
Ich habe hier Schmerzen.	sdjes u-minjá balít.	Здесь у меня болúт.

Bank

Wo ist hier eine Bank/eine Wechsel-stube?	gdje sdjes bank/punkt abmjéna waljúty?	Где здесь банк/пункт обмéна валю́ты?
Ich möchte ... *(Betrag)* DM/ Schilling/	ja chatschú abminját ... nimjézkich márak/ afstríjskich schýllingaf/	Я хочý обменя́ть ... немéцких мáрок/ австрúйских шú/ллингов/
Schweizer Franken/ Dollar	schwijzárskich fránkaf/ dóllaraf	швейцáрских фрáнков/ дóлларов
in Rubel wechseln.	na-rublí.	на рублú.

Post

Was kostet ein Brief/ eine Postkarte nach Deutschland?	skólka stóit atpráwit pissmó/ atkrýtku w-girmániju?	Скóлько стóит отпрáвить письмó/ откры́тку в Гермáнию?

Zahlen

0	nol ноль	
1	adín *m*/adná *f*/adnó *n* одúн /однá /однó	
2	dwa *m n*/dwje *f* два /две	
3	tri три	
4	tschitýrje четы́ре	
5	pjat пять	
6	schest шесть	
7	sjem семь	
8	wóssim вóсемь	
9	djéwit дéвять	
10	djéssit дéсять	
11	adínazat одúннадцать	
12	dwinázat двенáдцать	
13	trinázat тринáдцать	
14	tschitýrnazat четы́рнадцать	
15	pitnázat пятнáдцать	
16	schyssnázat шестнáдцать	

17	simnázat семнáдцать	
18	wassimnázat восемнáдцать	
19	diwitnázat девятнáдцать	
20	dwázat двáдцать	
30	trízat трúдцать	
40	sórak сóрок	
50	pidissját пятьдеся́т	
60	schysdissját шестьдеся́т	
70	sjémdissit сéмьдесят	
80	wóssimdissit вóсемьдесят	
90	diwinósta девянóсто	
100	sto сто	
200	dwjésti двéсти	
300	trísta трúста	
1000	týssitscha ты́сяча	
2000	dwje týssitschi две ты́сячи	
10000	djéssit týssitsch дéсять ты́сяч	
1/2	palawína половúна	
1/4	tschétwirt *f* чéтверть	

Меню́ [minjú]
Speisekarte

ЗА́ВТРАК	sáftrak	FRÜHSTÜCK
одно́ яйцо́	adnó jijzó	ein Ei
всмя́тку	fsmjátku	weich
вкруту́ю	fkrutúju	hart
яи́чница(-болту́нья)	jiíschniza(-baltúnja)	Rührei
(яи́чница-)глазу́нья	(jiíschniza-)glasúnja	Spiegelei
хлеб/бу́лочки/	chljep/búlatschki/	Brot/Brötchen/
гре́нки	grjénki	Toast
рога́лик	ragálik	Hörnchen
ма́сло	mássla	Butter
сыр	syr	Käse
колбаса́	kalbassá	Wurst
о́корок, ветчина́	ókarak, witschiná	Schinken
мёд	mjot	Honig
варе́нье, джем	warjénje, dschem	Marmelade
йо́гурт	jógurt	Joghurt
фру́кты	frúkty	Obst

ХОЛО́ДНЫЕ ЗАКУ́СКИ	chalódnyje sakúski	KALTE VORSPEISEN
Ассорти́	assartí	Vorspeisenteller
Бутербро́д	butirbrót	Belegtes Brot
Ветчина́	witschiná	Schinken
(с гарни́ром)	(s-garníram)	(mit Beilage)
Икра́	ikrá	Kaviar
(кра́сная/чёрная)	(krássnaja/tschórnaja)	(roter/schwarzer)
Колбаса́	kalbassá	Wurst
Кра́бы	kráby	Krabben
О́корок моско́вский	ókarak maskófski	Moskauer Schin-ken
Паште́т	paschtét	Pastete
(из ди́чи/из пе́чени)	(is-dítschi/is-pjétschini)	(Wild~/Leber~)
Сала́т Здоро́вье	salát sdarówje	Gemüsesalat
Сала́т из помидо́ров с	salát is-pamidóraf	Tomaten-Gurken-Salat (mit Ei)
огурца́ми (с яйцо́м)	s-agurzámi (s-ijzóm)	
Сала́т Оливье́/	salát aliwjé/stalítschny	Russischer Salat
Столи́чный		mit Huhn/Fleisch

ПЕ́РВЫЕ БЛЮ́ДА	pjérwyje bljúda	SUPPEN
Бульо́н	buljón	Bouillon
Борщ (украи́нский)	borschtsch (ukraínski)	Borschtsch (ukrai-nischer): Suppe aus roten Beten und Kohl
Грибна́я соля́нка	gribnája saljánka	Pilzeintopf
Рассо́льник	rassólnik	Suppe mit Geflügel, Reis, saurer Gurke
Ры́бный суп	rýbny sup	Fischsuppe
Соля́нка	saljánka	Soljanka (Suppe mit Einlagen)
Щи	schtschi	Kohlsuppe

ВТОРЫ́Е БЛЮ́ДА	ftarýje bljúda	HAUPTGERICHTE
Ры́бные блю́да	**rýbnyje bljúda**	**Fischgerichte**
Ка́мбала	kámbala	Seezunge
Карп	karp	Karpfen
Лещ	ljeschtsch	Brachse
Лосо́сь	lassós	Lachs
(Морско́й) о́кунь	(marskój) ókun	(See-)Barsch
Па́лтус	páltus	Steinbutt
Саза́н	sasán	Karpfen
Сом	som	Wels
Суда́к	sudák	Zander
Треска́	triská	Kabeljau
У́горь	úgar	Aal
Форе́ль	farjél	Forelle
Щу́ка	schtschúka	Hecht
Мясны́е блю́да	**missnýje bljúda**	**Fleischgerichte**
Бара́нина	baránina	Hammel
Говя́дина	gawjádina	Rind
Кро́лик	królik	Kaninchen
Свини́на	swinína	Schwein
Биф-стро́ганофф	bif-stróganaff	Bœuf Stroganoff
Бифште́кс	bifschtjéks	Hackbraten
Гуля́ш	guljásch	Gulasch
Котле́ты	katljéty	Frikadellen
Котле́ты по-ки́евски	katljéty pa-kíjifski	Panierte Hack-fleischpastete
Ромште́кс	ramschtjéks	Rumpsteak
Шашлы́к	schaschlýk	Schaschlik
Шни́цель	schnízel	Schnitzel

SPRACHFÜHRER RUSSISCH

ГАРНИ́РЫ	garníry	BEILAGEN
Грибы́	gribý	Pilze
Карто́фель	kartófil	Kartoffel
жа́реный	schárinyj	gebraten
отварно́й	atwarnój	gekocht
Лапша́	lapschá	Nudeln
Овощно́е ассорти́	awaschtschnóje assartí	Gemüsebeilage
Рис (отварно́й)	ris (atwarnój)	Reis (gekocht)
Майоне́з	majanjés	Mayonnaise
Смета́на	smitána	Saure Sahne

ДИЕТИ́ЧЕСКИЕ БЛЮ́ДА	dijitítschiskije bljúda	FLEISCHLOSE GERICHTE
Ка́ша	káscha	Grütze
(ма́нная/овся́ная/	(mánnaja/afsjánaja/	(Grieß~/Hafer~/
ри́совая)	ríssawaja)	Reis~)
... на молоке́	... na malakjé	... mit Milch
Сы́рники	sýrniki	Gebackene Quark-
(со смета́ной)	(sa-smitánaj)	klöße (mit saurer Sahne)
Творо́жная запека́нка	twaróschnaja sapikánka	Quarkpastete

ВЫПЕЧНЫ́Е ИЗДЕ́ЛИЯ	wypitschnýje isdjélija	MEHLSPEISEN
Блины́	bliný	Pfannkuchen
с варе́ньем	s-warjénim	mit Marmelade
со смета́ной	sa-smitánaj	mit saurer Sahne
с тво́рогом	s-twóragam	mit Quark
Бу́лочки (сла́дкие)	búlatschki (slátkije)	(Süße) Brötchen
с изю́мом	s-ysjúmam	mit Rosinen
Пиро́г/Пирожки́	pirók/piraschkí	Torte/Pasteten
из дрожжево́го те́ста	is-draschywówa tjésta	aus Hefeteig
из слоёного те́ста	is-slajónawa tjésta	aus Blätterteig
с зелёным лу́ком	s-siljónym lúkam	mit Lauch
с капу́стой	s-kapústaj	mit Kohl
с мя́сом	s-mjássam	mit Fleisch
с ри́сом	s-ríssam	mit Reis
с яйцо́м	s-jijzóm	mit Ei
с лимо́ном	s-limónam	mit Zitrone

ДЕСЕ́РТЫ	dissjérty	NACHSPEISEN
Моро́женое	maróschynaje	Eis
(сли́вочное/	(slíwatschnaje/	(Sahne~/
шокола́дное)	schakaládnaje)	Schokoladen~)
с сиро́пом	s-sirópam	mit Sirup
с фру́ктами	s-frúktami	mit Früchten
с шокола́дом	s-schakaládam	mit Schokosoße

Напи́тки [napítki]
Getränke

Чай с молоко́м	tschaj s-malakóm	Tee mit Milch
Чай с лимо́ном	tschaj s-limónam	Tee mit Zitrone
Чай из трав	tschaj is-traf	Kräutertee
Ко́фе (по-туре́цки/ эспре́ссо)	kófje (pa-turjézki/ esprjéssa)	Kaffee (Mokka/ Espresso)
с молоко́м	s-malakóm	mit Milch
со сли́вками	sa-slífkami	mit Sahne
Горя́чий шокола́д	garjátschi schakalát	heiße Schokolade
Компо́т	kampót	Aufgußgetränk aus
из сухофру́ктов	is-suchafrúktaf/	getrockneten/
из све́жих фру́ктов	is-swjéschych frúktaf	frischen Früchten
Кисе́ль	kissjél	Süßsäuerliches dickflüssiges Fruchtgetränk
Фрукто́вый сок	fruktówy sok	Fruchtsaft
Сок	sok	Saft
Напи́ток	napítak	verdünnter Saft
виногра́дный	winagrádnyj	Weintrauben~
я́блочный	jáblatschny	Apfel~
Лимона́д	limanát	Limonade
Минера́льная вода́	minirálnaja wadá	Mineralwasser

АЛКОГО́ЛЬНЫЕ НАПИ́ТКИ	alkagólnyje napítki	ALKOHOLISCHE GETRÄNKE
Пи́во	píwa	Bier
Вино́	winó	Wein
бе́лое/кра́сное	bjélaje/krássnaje	weiß/rot
(полу)сухо́е	(palu)ssuchóje	(halb)trocken
столо́вое	stalówaje	lieblich
креплёное	kripljónaje	portweinartig
армя́нское	armjánskaje	armenischer
грузи́нское	grusínskaje	georgischer
молда́вское	maldáfskaje	moldavischer
Шампа́нское	schampánskaje	Sekt, Champagner
(полу)сухо́е	(palu)ssuchóje	(halb)trocken
(полу)сла́дкое	(palu)sslátkaje	(halb)süß
сове́тское	sawjétskaje	sowjetischer
кры́мское	krýmskaje	Krimsekt
Во́дка	wótka	Wodka